# 男孩成长书

## 青春期男孩的安全保护书

陈翠花◎编著

航空工业出版社
北京

## 内 容 提 要

要想让男孩变得更为优秀，让他们拥有一个美好的未来，最为重要的是让孩子的内心变得强大起来，让他们变得坚强、独立，并且拥有敢于面对困难与挫折的勇气。唯有如此，他们才能应付生活中所面临的困难与阻碍，并经受住生活中的各种考验，进而成就自我不凡的人生。那么，就读这本书吧！书中有大量的生活案例和行之有效的方法，能有效提升男孩的素质，磨砺男孩的心志，使男孩在对人生有一定了解的同时，逐步从内心变得强大起来，成为一个真正自立、自强和勇敢的小男子汉。

**图书在版编目（CIP）数据**

男孩成长书/陈翠花 编著. —北京：航空工业出版社，2024.5

ISBN 978-7-5165-3728-2

Ⅰ.①男…　Ⅱ.①陈…　Ⅲ.①男性-青春期-健康教育　Ⅳ.①G479

中国版本图书馆CIP数据核字（2024）第070907号

男孩成长书

Nanhai Chengzhangshu

航空工业出版社出版发行

（北京市朝阳区京顺路5号曙光大厦C座四层 100028）

发行部电话：010-85672688　010-85672689

三河市双升印务有限公司印刷　　全国各地新华书店经售

2024年5月第1版　　2024年5月第1次印刷

开本：710×1000　1/16　　字数：120千字

印张：12　　定价：58.00元

# 前言

# Preface

青春期是男孩身体和心理急剧变化的时期，也是男孩迈入社会、思考人生的时期，因此，青春期对于男孩而言有着重大而深远的意义和影响。

在这个时期，男孩的身体和心理出现了很多让自己迷惑不解的变化，例如，自己的声音由原来的悦耳变得嘶哑，在睡梦中出现了遗精现象，对异性产生了异样的情愫，在自己的内心深处渴望了解有关两性的知识……面对身体和心理的变化，大部分男孩的脑袋里都会冒出很多问号，急切渴盼知道答案，想去请教父母、老师，而这些敏感的问题，又让很多男孩一次次将要说出口的话咽回了肚子里；去问同龄人，却发现他们和自己一样迷茫，一样困惑。

除了身体和心理的这些变化外，青春期的男孩还会面临各种诱惑，网络游戏、网络交友让很多男孩的心跃跃欲试；吸烟的潇洒、喝酒的痛快也在吸引着很多男孩……一旦他们不能很好地把控自己，就可能成为家长、老师眼中的“问题少年”，甚至走上犯罪的道路，危害到家庭、社会，以致让自己悔恨终生。

面对各种变化，面对各种诱惑，青春期的男孩该怎样顺利地度过这个“危险期”，让他们在成长的路途中少走一些弯路呢？

本书将为你系统地介绍青春期男孩在生理和心理方面的知识，为你解答青春期可能遇到的恋爱、交际和做人等方面的问题，并对这些问题进行了全面的分析，让你能够坦然面对身体上的变化，帮你解除各种心理障碍，从而使你能够理智、正确地对待青春期的各种问题，使你能够从容应对青春期可能遇到的各种诱惑……向成熟、成功的男人迈进。

有了本书的指导和帮助，你可以在困惑的青春里真正享受到花样年华的美好，可以在青春里为自己的人生画上精彩的一笔，让你青春无悔，今后的人生打下基础。

# 目录
Contents

## PART 1 我是男子汉了


- 呀，“头发”怎么长在下面啦？ / 002
- “核桃”偷偷在变形！ / 005
- 小小“核桃”也娇气！ / 009
- 我真的会长出“第三条腿”吗？！ / 013
- 可怕，我的乳房也增大！ / 017
- 梦中，我画下黏糊糊的地图！ / 021
- 声音，变变变！ / 025
- 每天早起的必修课！ / 029


## PART 2 别别扭扭的心理


- 怎么又到周一了？！ / 034
- 猛然间发现，我的心里只有她！ / 038
- 我的地盘我做主！ / 041
- 依赖，阻碍了我的成长！ / 045
- 爸爸，为什么我们不能飞离地球呢？！ / 049
- 他的成绩那么好，我恨死他了！ / 053
- 我这是怎么了？！ / 057

## PART 3 涩涩的青苹果


- 爱上你不是我的错！ / 062
- 暗恋的千滋百味！ / 066
- 她的礼物，我接受吗？ / 070
- 老师，我不该爱上的人 / 074
- 网恋，缥缈的爱！ / 078


## PART 4 别理我，烦着呢


- 不要着急给心灵的窗口安上玻璃！ / 083
- 口臭，口里的秘密！ / 087
- 你让我往东，我偏往西！ / 091
- 青春痘，我的最痛！ / 095
- 矮冬瓜，超讨厌的三个字！ / 099
- 我真的这么让人讨厌？ / 103
- 对面的胖哥看过来！ / 107
- 我怎么成了“刘罗锅”？ / 111

## PART 5
## 漫步青春风雨中


- 烟圈，潇洒的诱惑！ / 116
- 赌博，祸事的开端！ / 120
- 一醉解千愁！ / 124
- 哪个笑脸是魔鬼！ / 127
- 面对校园暴力，用法律武器保护自己 / 131
- 不参与“拉帮结派” / 134
- 遇到尾随要机智应对 / 137


## PART 6
## 健康最美


- 健康是吃出来的！ / 141
- 邋遢不是酷的表现！ / 144
- 生命在于运动！ / 147
- 青春期，性病别捣蛋！ / 151

# PART 7

# 做个轻松自如的人


- 我信，我能行！ / 156
- 我的青春不孤独！ / 160
- 父母，我生活中的朋友！ / 164
- 近朱者赤，近墨者黑。/ 168
- 有“礼”走遍天下！ / 172
- 存钱罐，存下生活的点点滴滴！ / 176
- 坚守原创的自己！ / 180

PART 1

# 我是男子汉了

# 呀，“头发”怎么长在下面啦？

男孩进入青春期后，随着生殖器官的发育成熟，外生殖器附近开始长出阴毛。由于缺乏必要的生理知识，男孩会对身体下边的“头发”产生厌恶，甚至感到羞耻。其实阴毛具有保护我们身体的作用，它能够吸收周围皮肤分泌出来的汗液。因此长阴毛是正常的，青春期男孩不要为此担心。

郭嘉这几天烦恼极了，他想把自己的烦恼说给别人听，但是又羞于说出口。他的烦恼来自于身体的变化。对于自己的隐私他不知道怎样同别人说，但看着这些变化，他也不能视而不见，所以一想到这些他就很是烦恼。

在上周的一天，在厕所的他，突然看到自己的隐私部位出现了几根柔软细密的毛，他很是吃惊，不禁在心里念道，我的头发什么时候掉在这儿了，于是就用手拿，希望把那几根丑陋的“头发”拿掉。第一次拿居然没有拿下来，再进行第二次行动时，由于用力过猛，痛得郭嘉深吸了一口气。这时他才明白，那几根“头发”居然是长在这里的。“‘头发’什么时候长在这里了，真是太奇怪了。”郭嘉不自觉从口中蹦出了这句话。赶紧穿好衣服，从厕所出来就向着妈妈的卧室冲去，到了门口他突然又觉得不好意思，自己这里的事情怎么开口跟妈妈说呢？于是在门口犹豫了一会儿，他还是决定自己从网上找一些资料看看，到底是自己得了什么病，还是其他原因导致“头发”出现在那里。

在卧室打开电脑后，郭嘉把心里疑惑的问题输入电脑，不一会儿就找到了答案，看了之后，他明白了，原来在隐私部位长的“头发”跟自己头上的头发是有所区别的，而且它有自己的名字。身体的隐私部位长的这种“头发”是自己长大的结果，是正常的现象。

## 爸爸对你说的悄悄话

随着年龄的增长，男孩在10岁左右进入青春期。青春期是男孩身体产生变化最大的时期。这一时期的最大变化就是第二性征的凸显，隐私部位开始长出阴毛。但有的男孩对青春期知识缺乏，看到下边长出“头发”，就感到恐慌，其实这种担忧是很多余的。

## 延伸阅读

### 什么是阴毛

阴毛是指因为雄激素水平上升而导致的生长在人类外生殖器上和大腿内侧上的浓密卷曲的毛发，又称“耻毛”。

当男孩生殖器官逐渐发育成熟时，外生殖器附近开始长出阴毛。有的男孩会对阴毛产生厌恶感，甚至感到羞耻。其实这一部位之所以被称为“耻部”，是因为这一部位羞于示人。

### 阴毛的功用

进入青春期，男孩在10岁左右时，由于性激素的作用，开始生长阴毛。阴毛分布于人体的下腹部，成年男子多呈菱形分布。阴毛能够吸收其周围皮肤分泌出来的汗液，有利于身体健康。此外，阴毛还有保暖的作用，保护精子正常生存温度！

人体隐私部位汗腺管较为粗大且丰富，出汗量多，加上部位隐蔽，容易发生透气不良，阴毛的存在，可以起到“通风换气”的作用。

## 青春期男孩阴毛生长的五个阶段

阶段一：没有阴毛，体毛的生长与身体的其他部位相同。

阶段二：开始有稍许的松软，直的或稍弯曲的阴毛出现，主要出现在阴茎的基部。

阶段三：阴毛变黑，变粗，更弯曲，并且开始向阴毛区的中间部位扩散。

阶段四：阴毛近似成人，但阴毛的涵盖区域仍较窄，未扩及腿部。

阶段五：阴毛生长达到成人的质与量的状态，阴毛的分布形成菱形。

## 青春期男孩阴毛稀少的原因

生活中，很多男孩因为阴毛稀少的问题而烦恼，担心阴毛稀少会给自己带来不好的影响，怀疑是不是自己身体发育不良。

喉结突出，皮肤变粗糙，长出较浓密的胡须、阴毛、腋毛，这些都是男孩进入青春期之后出现的第二性征。人的第二性征出现的早晚和先后顺序难免有所差别。步入青春期的男孩要学会区别第二性征正常变异范围和病理表现，阴毛的多少与种族、家族遗传、生活环境、气候都有关系，绝大多数阴毛较稀疏是非病理的，但如果发觉自己阴毛稀少也不要完全置之不理，要引起重视，因为这些第二性征中反映出来的问题有时也是内分泌系统或遗传疾病的重要指征，所以不能掉以轻心。

阴毛缺少不是一个孤立的问题而是一系列体征之一，如果存在多种其他不正常表现，可能意味着内分泌系统或染色体出了毛病，但如果不存在其他体征，那么很可能是受体有问题。当阴毛的受体有缺陷时，阴毛稀少、柔软，而生长受体缺乏或对雄激素不敏感时，阴毛均不生长。这时很可能伴有腋毛和其他体毛的稀少，也可能具有家族史。这种单纯的体毛生长异常对整个身体健康和生殖健康并无影响，它只是一种生理变异而已，所以完全不必为此担忧。

# “核桃”偷偷在变形！

阴囊、睾丸作为男性重要的生殖器，在进入青春期后，这两种生殖器都会发生很大的变化，如阴囊的沟壑更加明显，睾丸的位置会发生转移等等，这些变化都会使得男孩的阴囊部位产生很明显的“变形”。对此，男孩们不必惊慌，这些都是很正常的生理变化，除非这些变化太大，才可能是病变的征兆，其他适中的变化都属于正常生理现象。

赵孟是一个很开朗的14的男孩，平时很爱交朋友，可是自从有一次和好朋友一起洗澡的时候他突然发现自己的小蛋蛋一个大一个小，而好朋友的两个大小差不多看不出明显的差别。从那以后，赵孟再也不像以前一样开朗了，甚至好朋友找他来玩他都拒不出门，渐渐地他的朋友也少了，他也常常把自己关在屋子里不出来。

久而久之，赵孟的爸爸发现了他很异常的表现，于是就和赵孟的妈妈商量着问问儿子到底是哪里出了问题，可是无论父母再怎么想法打探，赵孟都不愿透露一点自己的“秘密”。父母无奈只好细心观察。

很长一段时间赵孟的妈妈发现他很不喜欢去公共浴室洗澡，即使要洗澡也就在家里随便洗洗了事，于是经过商量，赵孟的爸爸决定一探赵孟的秘密，于是就硬拉着赵孟去洗澡，赵孟拗不过，结果被爸爸发现了他的秘密，经过追问，赵孟向爸爸说出了藏在自己心里好久的“秘密”。

知道了赵孟的小秘密，赵孟的老爸笑着对儿子说：“儿子这很正常，你已经长大了，很多孩子到了你这个年龄都会遇到这种情况，只要两侧的睾丸大小差别不大都不是什么病变，不过为了确定你这种情况是否正常，我带你去医院诊断一下。”

去医院？赵孟虽然很难为情，但他也很想弄清楚自己的情况，结果去了医院，医生经过察看告诉他，虽然有的情况下，睾丸两侧大小差距过大会导致发育不良，但赵孟的这种情况属于正常。

得到这个答案，赵孟开心极了，没想到这么长时间以来自己的担忧都是自寻烦恼，都是多余的，之后，赵孟又恢复了之前的开朗。

## 爸爸对你说的悄悄话

作为男性主要的生殖器，睾丸确实是一个值得青春期男孩关注的重点，但是有很多男孩因为不懂得青春期知识，因而使自己变得紧张、敏感，甚至生活因此而发生很大的变化，事实上，只要了解一些生理知识，男孩就能很从容地面对青春期睾丸的变化。儿童时期男子的阴囊内部没有睾丸，到青春期之后，男子的睾丸会从腹部落入阴囊，有的男子两个睾丸不一定同步落入阴囊，所以可能有的男子的阴囊看上去就一大一小，这种情况并非有病，但是如果一侧太小，那就可能是睾丸下降不完全，需要到正规医院检查治疗。

## 延伸阅读

### 阴囊

阴囊是男性外生殖器，位于阴茎根部下方容纳和保护睾丸和附睾的多层结构囊袋。精膜和睾丸鞘膜，肉膜与部分筋膜在阴囊中线处伸入深部，形成阴囊中膈，分别容纳左、右睾丸。阴囊皮肤薄而多皱襞呈暗褐色，含有丰富的皮脂腺与大汗腺。皱襞丰富的阴囊壁有较大的舒缩性，环境寒冷时阴囊收缩，温暖时阴囊松弛伸展，汗腺分泌增加，从而调节阴囊内温度有利睾丸生成精子。

阴囊位于皮肤外面，里面有重要的睾丸，又布满了神经，对外界刺激很敏感。所以要注意保护阴囊，不要受外力踢、顶、捏、捶等刺激。

## 睾丸的结构及特征

睾丸表面有一层坚厚纤维膜，称为白膜，沿睾丸后缘白膜增厚，凸入睾丸内形成睾丸纵隔。从纵隔发出许多结缔组织小隔，将睾丸分成许多睾丸小叶。睾丸小叶内含有盘曲的精曲小管，精曲小管的上皮产生精子。小管之间的结缔组织内有分泌男性激素的同质细胞。精曲小管结合成精直小管，进入睾丸纵隔交织成睾丸网。从睾丸网发出 12 ~ 15 条睾丸输出小管，出睾丸后缘的上部进入附睾。

睾丸属男性内生殖器官。正常男性有两个睾丸，分别位于阴囊左右侧。睾丸色灰白，呈卵圆形。成年男性的睾丸长 3.5 ~ 4.5 cm，宽 2 ~ 3 cm，厚 1 ~ 2 cm，每侧睾丸重 10 ~ 15 g。有的人睾丸一大一小，一高一低，如果差别不大，均属正常。睾丸内的精曲小管是精子形成的部位，一个人一生中产生的精子数目非常惊人的，一次射精 3 ~ 4 ml，含有 3 ~ 4 亿个精子，少则也有 1 ~ 2 亿个；一生中产生的精子数竟可达 1 万亿个以上。精子的产生易受温度等多种因素的影响，如果睾丸周围温度过高或受到化学毒物的影响，精子的产生将出现障碍。间质细胞能够产生雄性激素。雄性激素有促进生殖器官正常发育和男性第二性征出现的作用。

## 睾丸的功能

睾丸是男性最为主要的性器官，阴茎、附睾、精囊腺、输精管、前列腺、尿道球腺等都为附属性器官。那么睾丸的功能都有哪些呢?

(1) 生精作用

男孩进入青春期后，精原细胞分阶段发育形成精子，精子生成的过程为：精原细胞→初级精母细胞→次级精母细胞→精子细胞→精子。

（2）内分泌作用

①雄激素睾丸间质细胞分泌雄激素，主要为睾酮。睾酮的生理作用主要表现在以下四个方面：维持生精作用；刺激生殖器官的生长发育；维持正常的性欲；促进蛋白质合成。

②抑制素是睾丸支持细胞分泌的糖蛋白激素，由 $\alpha$ 和 $\beta$ 两个亚单位组成，分子量为 31 000 ～ 32 000。抑制素对腺垂体的 FSH 分泌有很强的抑制作用，而同样生理剂量的抑制素对 LH 分泌却无明显影响。

## 青春期男孩睾丸的发育过程

睾丸是男性生殖器最重要的一部分。青春期前的男孩，睾丸体积很小。睾丸容积多为 1 ～ 2 ml，曲细精管狭细呈条索状，没有明显的管腔，发育也很不完全。进入青春期后睾丸开始发育，但在青春前期，男孩的生殖器官还处于幼稚型，睾丸刚刚开始发育，第二性征的变化不明显。到了青春期中期，睾丸、阴囊发育明显增大。青春期男孩睾丸增长的高峰年龄是 13 岁。2 ～ 3 年后，增长速度迅速缓慢下来，至青春期末 18 ～ 20 岁平均容积为 18.0 ml，长度大于 5 cm，睾丸形状和成人无异，第二性性征充分表现出来。

睾丸增大的同时，曲细精管长度、弯曲度也迅速增长，精原细胞分裂。与此同时附睾、精囊腺、前列腺也伴随着睾丸发育而迅速发育。

# 小小“核桃”也娇气！

青春期心理和生理上的变化，通常会让青春期知识缺乏的男孩手忙脚乱，看着自己身体上的快速变化，不知所措的他们更会忽视了对发育中身体的保健，导致问题接二连三地出现。看着每天都在增长的小小“核桃”，男孩会发现它更是异常娇气，稍有不慎，就会伤痕累累。青春期的男孩，应怎样对带这个娇气的“朋友”呢？

爱美是人的天性，进入青春期的男孩对美的认识有了自己独立的见解，总是不自觉地刻意包装自己。

18岁的孟飞就是很注重自己衣着的男孩。上高一的他，最喜欢的衣服就是牛仔裤了，因为它不仅看起来精神，更主要的是它不用总洗，穿十天八天也没有什么特别的变化，即使能看出一点儿脏，也并不会影响自己的形象。因此，无论是冬天还是夏天，孟飞总是牛仔裤、运动鞋。

夏天到了，为了祛暑降温，在家里爸爸妈妈总是穿那些利于散热的宽松衣服，但是孟飞还是穿着自己喜欢的牛仔裤。妈妈看着儿子头上的汗珠，多次说：“赶紧脱了牛仔裤换上凉爽的短裤，看你头上的汗。”面对妈妈的关心，孟飞也是好好答应。但是答应之后，还是穿着牛仔裤。

但是这几天，孟飞感到身体下部有一些不适，那里总感觉痒痒的。孟飞也没有太在意，想也许是自己的错觉吧。可过了几天，那种隐隐的痒变成了痛，特别是自己穿上牛仔裤之后，感觉硬硬的牛仔裤，让自己的下身更痛，脱掉裤子细看自己的阴囊更是红红的。

意识到情况不妙之后，孟飞在妈妈的带领下来到医院就医。

医生告诉孟飞，他得的是阴囊炎，主要是由于穿透气效果差、紧贴皮肤的牛仔裤引起的。

## 爸爸对你说的悄悄话

即爱美又有一点儿取巧心理的孟飞最喜欢穿牛仔裤。无论春夏秋冬，出现在大家眼前的孟飞总是牛仔裤、运动鞋。炎炎夏日，牛仔裤不离身的孟飞，对妈妈的劝说也从来不当回事，结果引起阴囊炎，不得不求助于医生。牛仔裤作为一种时尚的服饰，是很多男孩的最爱，但是由于它质地硬、透气效果差、紧贴皮肤，长期穿可能引起一些皮肤发炎的疾病。

## 延伸阅读

### 睾丸炎的分类

（1）急性非特异性睾丸炎

急性非特异性睾丸炎主要出现在尿道炎、膀胱炎、前列腺炎、前列腺增生切除术后及长期留置导尿管的患者。感染经淋巴或输精管扩散至附睾引起附睾睾丸炎，变形杆菌、大肠杆菌、葡萄球菌、绿脓杆菌等为常见的致病菌。细菌经血行播散到睾丸，引起单纯的睾丸炎。但睾丸由于血运丰富，对感染有较强的抵抗力，故这种情况较少见。

病理上肉眼观察多表现为睾丸增大、充血、紧张。切开睾丸时见有小脓肿，组织学见局灶性坏死，结缔组织水肿及分叶核粒细胞浸润，生精小管有炎症、出血、坏死，严重者可形成睾丸脓肿及睾丸梗死。

（2）慢性非特异性睾丸炎

慢性睾丸炎主要由非特异性急性睾丸炎治疗不彻底引起，也可因螺旋体、霉菌、寄生虫感染造成，睾丸局部或全身放射性同位素磷照射，也可发生睾丸炎症，破坏睾丸组织。

病理上看睾丸肿大或硬化萎缩，生精小管的基底膜呈玻璃样变及退行性变，生精上皮细胞消失。生精小管周围可能有硬化，也可形成小的增生灶。

（3）急性腮腺炎性睾丸炎

约 20% 的腮腺炎患者并发睾丸炎，因此流行性腮腺炎是最常见的睾丸炎发病原因，且多见于青春期后期。

病理上肉眼可见睾丸高度肿大并呈紫蓝色。切开睾丸时，因间质的反应和水肿，睾丸小管不能挤出，组织学观察见水肿与血管扩张，大量炎细胞浸润，生精小管有不同程度的变性。

## 睾丸炎在临床上的表现

（1）高热、畏寒。

（2）患病睾丸肿胀、压痛，如果化脓摸上去就有积脓的波动感。

（3）患病睾丸疼痛，并有阴囊、大腿根部及腹股沟区域放射痛。

（4）常伴有阴囊皮肤红肿和阴囊内鞘膜积液。

## 男孩怎样预防睾丸炎

睾丸炎是男性常见的疾病，但是睾丸炎如得不到及时治疗，可能导致不育。因此，青春期的男孩及早地预防睾丸炎是很有必要的。

预防：睾丸炎尤其是急性腮腺炎睾丸炎应早期静脉应用大量广谱有效抗生素控制炎症，以减少化脓性睾丸炎及睾丸脓肿的发生。急性腮腺炎睾丸炎双侧病变可以引起生精活动不可逆的破坏甚至睾丸萎缩，导致男孩成年后不育。所以预防睾丸炎的关键是减弱流行性腮腺炎病毒达到预防流行性腮腺炎及并发的睾丸炎。

保健：预防睾丸炎的产生，男孩要注意日常饮食。应该多吃新鲜蔬菜与瓜果，增加维生素 C 等成分摄入，以提高身体抗炎能力。少吃猪蹄、鱼汤、羊肉等所谓的“发物”，以免因此而引起发炎部位分泌物增加，睾丸炎进一步浸润扩散和加重。注意不要吃辛辣刺激性食物，不要吸烟喝酒，不要久站久坐，不要频繁手淫等。

## 睾丸日常护理注意事项

睾丸要维持正常的生理功能，最佳温度是 35℃左右，而体内的 37℃体温对它是有损害的。一些隐睾患者由于睾丸长期处于温度高的环境下，导致睾丸不能发挥正常生理功能。

由于睾丸对温度的高要求，阴囊就承担了调节睾丸温度的重任。当遇冷睾丸的温度过低时，阴囊皮肤收缩、阻止热量的流失；而当睾丸过热时，阴囊皮肤就会松弛、散热。但必须清楚，阴囊的温度调节功能是有一定限度的。当温度的变化超出了它调节的范围时，睾丸的生理功能就不可避免地受到损害。所以，青春期的你要善待自己的睾丸，不要长时间坐在宽松的沙发上，生活中常穿宽松的裤子，保持下身的通风、干燥，使睾丸有一个轻松的工作环境，从而保证其最大程度地发挥生理功能。

## 我真的会长出“第三条腿”吗？！

阴茎作为男性另一个重要的生殖器在青春期到来之后也会发生很明显的变化，其中最明显的一个变化就是勃起之后会比儿童时期要长很多，有的男孩的阴茎勃起后还会出现弯曲的现象。面对这种变化，一些缺少青春期知识的男孩会觉得非常害羞，甚至会怀疑自己的阴茎是否会一直长下去，变成“第三条腿”，事实上这都是对阴茎缺少认识的表现。

小琳今年15，小琳的妈妈最近发现儿子的总是忧心忡忡的，没事就一个人把自己反锁在屋里，即使有时和大家在一起吃饭、聊天，儿子也不怎么喜欢说话了，之前儿子常常提起学校里的一个女孩子，现在也听不到他再提了，小琳的妈妈怀疑自己的儿子可是受了什么打击。

于是小琳的妈妈就常常让儿子带他的同学来家里玩，有一次，小琳的妈妈无意间从儿子的同学口中得知，是儿子不喜欢和女孩子玩了，不是其他的孩子排挤儿子，小琳的妈妈这才确定了是自己的儿子变了，于是她就经常开导小琳，说一些让他宽心的话，但是效果很差。

有一天早上小琳起床后显得异常烦躁，而且要求妈妈给他找一个新的被单来换，不让妈妈进自己的房间，于是小琳妈妈断定儿子的问题可能和这些有关，可是作为妈妈，她又不好意思直接和儿子聊这些话题，于是她只好让丈夫去劝导儿子。

一天小琳的爸爸下班很早，小琳放学回家后发现爸爸在自己的房间了，刚开始他还很反感，可是看着爸爸关切的神情，小琳又不好发脾气，于是就和爸爸聊起天来，聊着聊着爸爸就说起青春期的事来了，小琳羞于启齿，但爸爸好像没有注意到他的沉默，只是滔滔不绝地说了很多青春期可能出现的状况，小琳虽然从始至终都没说出自己的秘密，但是听了爸爸话小琳了解到了很多青春期的知识。

原来小琳最近常常能够明显地感觉到自己的阴茎时不时会勃起一次，而且每次勃起时好像都要比平常长很多，这让小琳很紧张，他很担心阴茎长得太长，所以时常不敢在女孩子面前走路，甚至有时他都会担心自己会在大庭广众之下出丑，被大家嘲笑为“三条腿”的人。

不过听了爸爸的讲解后，小琳明白了，原来不是只有他一个人是这样的，所有的男人都是这样的，于是他也就释怀了，之后小琳再遇到什么状况也敢去问爸爸了，在女孩面前再也不觉得害怕了。

## 爸爸对你说的悄悄话

进入青春期阴茎勃起是男孩子性冲动的一种表现，也是男孩开始转变成男人的过程。所以说阴茎在勃起中增长也是正常的一种生理表现，而男孩之所以会怀疑自己的阴茎会成为自己的“第三条腿”只不过是青春期对性冲动的一种不安和焦虑。

## 延伸阅读

### 阴茎的结构和功能

阴茎是男子排尿的通道和性交的器官。阴茎是一个圆柱形的海绵体. 中间有前尿道通过。阴茎前端膨大部分为阴茎头（或称龟头），中部为阴茎体，后部为阴茎根，阴茎被覆深浅两层筋膜，在这两层筋膜下方，有由致密胶质纤维和弹力纤维构成的白膜，直接包绕每条海绵体。坚韧的白膜在海绵体充血勃起时，起支托保护和维持外形的作用。成年男子阴茎平均长度为 7 ~ 10 cm，勃起时约 14 ~ 18 cm。

勃起，是阴茎海绵体血管充血的结果。阴茎疲软时，勃起组织中的血管窦相对空虚；随着动脉的扩张，血液流入海绵状组织中的窦状隙，液压增高造成阴茎体积涨大和坚硬。当动脉血流入的速度与静脉血回流速度相等时，达到平衡状态，使勃起得以保持。产生勃起的血管受神经的控制。

阴茎作为性感觉的敏感点，起着受体和放大器的双重作用外，它还在人的性活动中扮演了主动行使功能的角色，这是只有被动作用的阴蒂所无法比拟的。

男性性快感的焦点往往局限于阴茎，特别是阴茎头表层密布感觉神经末梢，对机械刺激很敏感。除了充血勃起对阴茎本体感受刺激的放大作用之外，还可通过在性交过程中，由阴道所给予的连续的触觉、压觉和温度觉发挥放大作用。阴茎受到这些外来的刺激，通过更高的皮质中枢的放大，进而到达感觉灶，最终就发展为射精需要。

## 青春期男孩生殖器官发育特点

生殖系统是人体产生生殖细胞、繁育后代的重要部分。男孩的生殖器官分内外两部分，内生殖器官有睾丸、输精管和附属腺；外生殖器官有阴囊和阴茎。

睾丸是男孩产生精子的部位，睾丸中曲细精管上的间质细胞分泌大量雄性激素和少量雌性激素，所以又是男孩重要的内分泌器官。青春期前，睾丸容积不足 3 ml，处于幼稚状态，睾丸中的曲细精管又狭又细，看不见管腔。男孩长到 10 岁左右，曲细精管开始发育，少量的精原细胞出现在管壁，12 岁左右，睾丸开始快速发育，容积也增到 12 ml 以上，曲细精管的长度和曲折度都增加，管壁的精原细胞则不断分裂繁殖，逐步发育成各期生精细胞，最后产生精子，同时间质细胞开始分泌雄性激素。

在睾丸迅速发育的同时，精囊腺、前列腺和尿道球腺等附属腺体也加快成熟，各自分泌具有特殊刺鼻气味的乳白色黏稠液，与精子汇合成精液。

阴囊和阴茎是男孩的外生殖器。阴囊是一个薄壁囊袋，内装睾丸和附睾，分布于阴茎两侧。男孩进入青春期后，随着睾丸的发育阴囊逐步增大，出现色素沉着。阴囊的皮下弹力纤维具有良好的伸缩性，遇冷收缩成皱折保温，遇热展开帮助散热，从而保证睾丸在正常温度下发育和发挥功能。

阴茎由三条海绵体构成，前端膨大为龟头，上有尿道开口。阴茎在 11 ~ 14 岁期间开始发育，比睾丸增大约晚 1 ~ 2 年，15 ~ 16 岁发育如成人状，具勃起功能。

## 青春期男孩阴茎发育四部曲

男孩的阴茎发育大体上分为以下四个阶段。

10 ~ 11 岁：男孩大多从 10 岁起，性发育启动。在青春期前期，男孩的阴茎和儿童期没有太大的变化。

12 ~ 13 岁：这一时期的男孩阴茎开始长大；阴毛冒出，由稀疏、纤细逐步变得浓密、乌黑，呈密集型分布，且向两腿间扩展其势力范围，并且出现了第一次遗精，会做性梦，阴茎常会勃起。

14 ~ 16 岁：这一时期阴茎进一步变粗变长，15 岁以后，阴茎的长度和周径均有所增加，但周径增加较长度增加稍缓，阴茎呈细长状。

17 ~ 18 岁：阴茎生长“再上一层楼”，阴茎周径变粗，阴茎头向前伸展，逐渐脱离阴茎包皮的覆盖，大部分或完全暴露于包皮外，阴茎长于 13 cm，周径大于 8.5 cm。第二性征充分表现出来。

## 可怕，我的乳房也增大！

青春期男孩乳房的发育不如女孩的明显，因此也常常被忽略。但男孩乳房的发育也会出现这样那样的问题，给青春期的男孩带来了烦恼和困惑。因此，男孩对发育中的乳房也要引起足够的重视，多了解一些乳房知识，让自己顺利度过青春期。

雷明是一个乐观开朗的初二男孩。可以说生活中没有什么事情能让他发愁。有的男孩听到别人说自己胖，就跟别人急，但是同样身材肥胖的雷明却没有这样的烦恼，因此，周围的朋友都亲切地称呼他为“胖哥”。

有一天雷明和好朋友小海一起去洗澡。洗着洗着，朋友突然看着雷明身体发愣。看着朋友用这种奇怪的眼神看着自己，雷明也很是吃惊，不知道朋友到底怎么了。朋友看了一会儿后，突然对雷明说：“胖哥，跟你说一件事。”雷明一惊，说：“小海，你今天怎么变的吞吐起来了，这可不像平时的你，有什么尽管说。”小海用手指了指雷明的乳房，说：“胖哥，怎么你的这里也长这么大，据我所知只有女生的才长大呢，你不会变性了吧？”

经小海一说，雷明真的感觉自己的乳房是挺大的。再看看小海的，根本就是一个绿豆大小，可自己的好像都和一个小点儿的草莓一样了。这时，雷明想到了自己曾见到过的其他男生的乳房，也就和小海的一样。可为什么自己的却如此大呢？

洗完澡回家之后，雷明把自己的情况跟妈妈说了，妈妈让雷明脱下衣服看了看，才发现儿子的乳房真的比一般男孩的要大不少，于是就带着雷明来到医院。

## 爸爸对你说的悄悄话

随着身体的发育，男孩的乳房出现了不同程度的发育，但是男孩乳房的发育不像女孩的那么明显，也就常常被忽视。身材较胖的雷明在一次洗澡的时候，发现自己的乳房较之正常男孩的乳房出现较大的变化，然后在妈妈的带领下来到医院检查。青春期男孩的乳房发育虽属正常现象，但也是某些疾病的征兆，因此要及时就医。

## 延伸阅读

### 青春期男孩乳房发育的原因

引起青春期男孩乳房发育的原因可分为生理性和病理性两种。

（1）男孩生理性乳房发育多可自愈。

（2）男孩病理性乳房发育也称为男性乳房发育症。主要是以男孩乳房肥大，单侧或双侧结块，有时伴有胀痛为主要特征的一种疾患。多见于10岁左右的青春期初期男孩。引起男孩病理性乳房发育的原因主要是男孩体内促发乳房发育的雌激素数量增加了。正常情况下，男孩体内雄激素分泌量是占绝对优势，但也会由肾上腺、睾丸等分泌极少量雌激素。在雌激素数量太少的时候，不会出现什么变化，一旦体内因某些因素影响，雌激素分泌骤增后，男孩的乳房就出现增大。

### 引起男孩体内雌性激素提高的疾病

经现代医学研究显示，造成男孩体内性激素代谢紊乱和雌激素水平提高的原因有以下几种：

（1）肾上腺疾病

肾上腺是男孩雌激素的重要“产地”。如果肾上腺长了瘤子或出现组织增生，雌激素的量会异常增多，导致乳房发育。

（2）肝脏疾病

人体内的性激素都经由肝脏加以处理，雌激素也不例外，但如果患有肝硬化、肝炎、肝癌等疾病，就不能对雌性激素进行很好的代谢，体内未经处理的雌激素会增多，导致乳房发育。

（3）睾丸疾病

睾丸是分泌雄激素的主要器官。如果患有睾丸炎、睾丸损伤、睾丸肿瘤、睾丸功能不全等，可能导致雄性激素的分泌量减少，而雌激素相对增加，导致乳房发育。

（4）下丘脑垂体疾病

下丘脑垂体会分泌一种促肾上腺皮质激素的物质，命令肾上腺工作。一旦脑垂体患上肿瘤等病变，这种物质分泌量会异常增多，并可盲目地促使肾上腺产生更多雌激素。

引起男孩体内雌性激素分泌异常的原因多种多样。因此，处于青春期的男孩一旦发生病理性乳房发育要及时就诊，并进行彻底治愈。

## 男孩乳房发育时也有硬块

青春发育期男孩的乳房出现硬块，是正常的生理变化。乳房主要是由乳腺组织和脂肪及结缔组织构成的，乳腺细胞的表面存在着能识别和接受雌激素的特殊结构。当雌激素与乳腺细胞的受体结合后，乳腺细胞的代谢就活跃起来，使乳腺细胞增生，乳房发育隆起。男孩在进入青春发育期后，睾丸在分泌雄激素的同时，也分泌少量的雌激素。这些雌激素可能导致乳头部位的乳腺细胞不断增殖，导致乳房形成硬块。青春期男孩的乳房硬块常局限于乳头下面，触之可有疼痛。但由于男孩体内雌激素量的增加是一时性的，故这种乳房硬块多经过一段时间后会自行消退。

## 青春期男孩也要注意乳房保健

正常男孩的乳房发育程度很低，所以常常被遗忘。其实处于青春期的男孩中，约有 40% ~ 70% 的男孩会出现不同程度的乳房发育，而这些发育多表现为乳房局部疼痛、压痛。多数男孩的乳房发育在 1 ~ 2 年内可自行消退，但有的男孩乳房发育时间较长，这时应及时到医院就诊。有乳房发育症状的男孩也不要过于担心，给自己造成思想负担，只要积极治疗，一定会恢复正常的。在治疗过程中，避免触摸、刺激乳房，因为过多的刺激不利于乳腺组织增生的消退。

另外，青春期的男孩正处于学习知识的黄金时期，有的父母为了帮助他们提高成绩，总是买各种滋补品，而含有激素的滋补品也可能导致男孩乳房发育出现异常，因此应慎用各种滋补品。

## 梦中，我画下黏糊糊的地图！

男孩在进入青春期后，会出现遗精。遗精是男孩走向成熟的标志，是正常的生理现象。但由于受父母传统教育的影响，男孩在发生遗精，尤其是首次遗精时，往往有恐慌、惊奇、害羞等心理体验，甚至产生负罪感，背上沉重的心理负担，影响正常的生活。因此，男孩在进入青春期之前，应了解一些青春期知识，避免出现手忙脚乱的情况。

高小刚的第一次遗精是在17岁那年的夏天。

记忆中那个夏天的夜晚，梦就在阵阵的虫鸣中潜伏进高小刚的身体。

梦中的小刚骑着自行车去学校，那天去学校的路程不知道怎么变得那么遥远了。他好像骑了好长时间也没有找到学校的方向，路上遇见了一个女同学，当时怎么也想不起她的名字，只是有似曾相识的感觉，小刚就让她坐在自己的自行车后座上，她欣然接受了。

后来，不知道为什么，自行车突然变成了摩托车，风从小刚的耳边呼啸而过，以至于梦中的小刚真想兴奋地跳起来。

那个女同学也不知道怎么从后座坐到了前面来，小刚当时的感觉是既紧张又害怕，她的头发飘在自己的脸上让他很兴奋。

到了下坡的地方，突然前面有一个小沟，等小刚发现时已经来不及刹车了，就在车子在小沟上颠簸的一刹那，一种液体从小刚的体内喷薄而出，浑身畅快淋漓，梦中的小刚大叫了一声……

清醒后的小刚朦胧中还在为刚才的事情有点害羞和心跳，不自觉伸手往下面一摸，才发现内裤潮潮的、黏糊糊的，顺手在鼻子前一嗅，还有种说不清楚的味道。

## 爸爸对你说的悄悄话

遗精多发生在睡梦中，是一种无性活动的射精。男孩多在15岁左右发生第一次遗精。通常情况下，每个月遗精2～3次，属于正常现象，对身体健康与工作学习都不会产生不良影响，也不必忧心忡忡。

## 延伸阅读

### 什么是遗精

遗精是指不因性交而精液自行泄出，有生理性与病理性之分。有梦而遗者为“梦遗”，无梦而遗，甚至清醒时精液自行滑出者为“滑精”。中医认为，遗精多由肾虚精关不固，或心肾不交，或湿热下注所致。有梦而遗往往是清醒滑精的初起阶段，梦遗、滑精是遗精轻重不同的两种证候。遗精是没有规律可言的。进入青春期的男孩很多都有遗精的经历，这也是男孩成长的表现，不必过于担忧。

### 男孩遗精与哪些因素有关

（1）疲劳过度：过度从事体力或脑力劳动，身体疲惫，导致夜间睡眠深沉，大脑皮质下中枢活动加强而致遗精。

（2）心理因素：进入青春期后，由于缺乏必要的两性知识，接受到来自外界的各种性刺激，使大脑皮层持续存在性兴奋，从而诱发遗精。

（3）性环境刺激：黄色书刊、电影等中的性图片、性镜头刺激大脑，诱发遗精。

（4）物理因素：穿紧身衣裤，束缚挤压勃起的阴茎，或仰卧入睡，被褥温暖沉重，刺激、压迫外生殖器，而诱发遗精。

（5）精满则溢：男孩睾丸不断产生精子，精囊腺和前列腺也不断地产生分泌物。体内储存到一定量时，精液会不自觉地从尿道排出来。

（6）炎症刺激：外生殖器及包皮龟头炎、精囊炎、前列腺炎、附睾炎等附属性腺炎症的刺激而发生遗精。

## 男孩遗精后怎样进行调养

（1）消除杂念。远离色情书画、录像、电视、电影，戒除手淫。参加适当的体育锻炼、体力劳动和文娱活动，增强体质，陶冶情操。

（2）慎起居。少食酒、茶、咖啡、葱、蒜等辛辣刺激性食品。不用过热水洗澡，内裤不宜过紧，睡时宜屈膝侧卧位，被褥不宜过厚。生活节奏要有规律，把精力集中在学习工作上，多做室外活动。

（3）增加青春期知识，勿把正常的生理现象视为疾病，加重精神负担。青春期男孩1～2周出现一次遗精，遗精后并无不适，这是生理现象。千万不要为此忧心忡忡，背上思想包袱，自寻烦恼。

（4）既病之后，不要过分紧张。遗精时不要中途忍精，不要用手捏住阴茎不使精液流出，以免败精储留精宫，变生他病。遗精后不要受凉，更不要用冷水洗涤，以防寒邪乘虚而入。

（5）如经常发生遗精，应在医生指导下进行有关检查，找出原因，及时治疗。

## 男孩遗精的心理调护有哪些

遗精是青春期后男孩常见的生理现象。青春期男孩每2周遗精1次，为精满而盈泄的溢精，不足为虑。

若遗精次数较频，同时遗精后出现精神萎靡，头晕昏蒙，失眠多梦，面色无华，腰膝酸软，四肢乏力为病理性遗精，就需要治疗了。治疗包括心理调护、饮食调护和药物治疗等诸多方面。

遗精的心理调护非常重要，尤其对那些缺乏两性知识的青春期男孩，应该多学习和了解各种青春期知识，克服和戒除手淫恶习，自觉抵制黄色淫秽书刊、电影、录像等带来的不良影响。

心理调护重在克服恐惧、焦虑、紧张心理和羞于诊治的忌医思想。

## 遗精应该如何预防

（1）注意生活起居。生活要有规律，要养成早睡早起的习惯，避免过度劳累。

（2）少食酒、咖啡、辣椒等辛辣刺激性食物。

（3）注意精神调养，排除杂念。

（4）晚餐不宜过饱，被褥不宜过厚，内裤不宜过紧。

（5）丰富文体活动，适当参加体力劳动或运动。

# 声音，变变变！

青春期是一个重要的生理变化时期。性发育且第二性征日趋明显是青春期最明显的特征。男孩多表现在阴茎的发育、长胡子等，而且男孩的嗓音也由儿童期清脆、稚气的童声向成人嗓音转变。此时的声音多表现为嘶哑、沉闷，人们把这种生理变化叫做“生理性变声”。变声期的男孩要注意饮食营养，保护好嗓子。

童年时期的赵泽伟是班上声音最好听的男孩。读课文时声音最响亮的，是他；音乐课唱歌时，男生嗓音最好听的，是他；体育课上口号喊得最带劲儿的，是他……那时，他因自己有一副好的嗓子而自豪，但是现在……

语文课上，同学们再也听不到赵泽伟比别人高八度的声音了；音乐课上，唱歌他总比别人低一个调；体育课上，尽管他已经喊得声嘶力竭，但同学们听到的也只是一个“老板鸭”在怪叫，以至于无论自己怎么喊同学们不许取笑他，但同学们就是捂着肚子笑得前仰后翻。

赵泽伟非常不习惯自己现在的声音。再看看班里的其他同学，他们的声音还是那样的悦耳清脆，几乎都没变，而偏偏自己一人的声音变得嘶哑沧桑。虽然同学们没有因此而过多地“关注”他，但他却非常注意控制嗓音，更不敢大喊大叫。偶尔也会听到有同学们说："泽伟，你说话什么时候变得如此老成啦？"赵泽伟明白自己的嗓音也没有变到那种地步，只是变成了沙哑、粗声粗气的，甚至有些半阴不阳的。这样讲起话来，不仅别人听了别扭，自己听着也憋得慌。可又有什么办法呢？

## 爸爸对你说的悄悄话

变声让赵泽伟异常苦恼，音乐课上、体育课上、语文课上，再也听不到他悦耳的声音了，而且他一说话，同学总是被他变化后的声音搞得大笑不止，甚至连他自己都感到异常难听，烦恼的同时却又无计可施。变声虽是青春期男孩经常遇到的事情，但也时常让他们烦恼和痛苦。

## 延伸阅读

### 解读青春期变声

变声是男孩进入青春期的一个明显的生理变化，也是第二性征的一种表现。男孩一般在13岁左右开始出现嗓音变化。男孩声音由原来细高的童音变成粗而低的、浑厚的成年男声。

男孩变声期出现的早晚，受多种因素的影响。通常情况下，男孩的变声期在13～15岁之间，且比女孩变声的时间持续长，少则几个月，多则近一年。那么，变声究竟是怎么一回事？

声音是由喉中的两片声带受到气流的冲击振动而发出来的。由于声带的长短、厚度、紧张度、声带间的距离，以及呼出气量的大小不同，因此可发出高、中、低等不同的音调，再经口、鼻腔的共鸣扩大音量，舌、唇、齿、腭等器官加工，便形成抑扬顿挫的声音。男孩进入变声期后，声带变长、变厚，喉头不断增长，喉部软骨和肌肉发育变化，从而引起了变声。

在青春期变声期，男孩喉头逐渐宽大，声带拉长，喉结突出，声音逐渐变得重浊、低沉起来。在此期间，男孩还会出现声音嘶哑、咽干、咽痒、咽部异物感等症状。

男孩的变声大致可以分为三个时期：初期嗓音变化不大，说话仍表现为童声，但有时会觉得对嗓音失去控制能力，发声不听使唤，发高音比较困难，声音不能持久；中期嗓音的变化比较明显，说话声调变低变粗，说话中的童音成分明显减少，成人声的成分逐渐增加；后期嗓音已完全变成成人的声音了，偶尔会出现声音不稳定，控制不自如的现象。

## 男孩在变声期的营养饮食

男孩的变声期一般持续半年至一年的时间，变声期除了注意保养嗓子，还要注意合理科学的膳食，以保证顺利度过变声期。

（1）适宜多摄入富含维生素 B 和钙质的食物。芹菜、番茄、蛋类、豆类、动物肝脏及新鲜水果等富含维生素 B 的食物能促使皮肤的发育，虾、牛奶、豆制品等含钙质丰富的食物可以促进甲状软骨的发育。

（2）适宜多吃酥软的食物。主食要精细，不要吃炒花生仁、爆米花、锅巴、坚果及油炸类硬且干燥的事物，以免对喉咙造成机械性损伤。

（3）注意胶原蛋白和弹性蛋白的摄入。发音器官主要是由喉头、喉结和甲状软骨组成。这些器官又是由胶原蛋白和弹性蛋白质构成的，声带也是由弹性蛋白质薄膜构成，因此，变声期的男孩应多吃些猪蹄、猪皮、蹄筋、鱼类、豆类、海产品等富含胶原蛋白和弹性蛋白质的事物。

（4）少吃具有刺激性的食物。大蒜、辣椒、生姜、韭菜等刺激性食物会刺激气管、喉头与声带。更应忌烟酒，以防加重局部无菌性炎症。

（5）细嚼慢咽。切忌快速进食，谨防食物中的沙粒、鱼骨刺伤咽喉部的组织。

（6）适量多饮水。饮水可减少或清除局部分泌物，避免继发感染。但不要喝太热的开水或吃过多冷饮，过冷或过热对声带都不利。

## 男孩变声期生活注意事项

（1）正确使用嗓子。男孩在变声期要尽量避免高声喊叫或无节制地大声喧哗，尤其注意不要大声高歌，青春期用嗓过度可能引起终生声音嘶哑。

（2）要保持情绪的稳定。情绪紧张常常会造成声带关闭不全、水肿、长息肉等病态。因此，男孩要保持情绪稳定，心情愉悦，安全度过变声期。

（3）适当参加体育锻炼，做到劳逸结合。生活要有规律，避免过度劳累。

（4）保证充足的睡眠。这是保护嗓子的重要措施。睡眠不足会导致大脑供血障碍，使高级神经活动出现紊乱，导致大脑皮层神经细胞不能有效的调节和支配喉肌。因此，处于变声期的男孩要按时起居，每天最好睡足 9 小时。

（5）避免着凉、感冒，做好保暖。尤其是寒冷的冬天，尽量不要穿低领衣服，注意脖子保暖从而避免口腔、喉部受冷。

（6）定期到医院进行喉部检查，及时纠正不良的习惯。

# 每天早起的必修课！

胡子一直被认为是男子汉气质的象征。随着青春期的到来，男孩的第二性征日渐明显，开始长胡子。可是，处于青春期的男孩们却并不喜欢胡须长出来，甚至有的男孩因为自己的胡须而忧愁，于是长了胡子就忍痛把它一根根拔去。其实长胡子是青春期男孩正常的现象，没有必要烦恼，更不可采用不当的方法对待长出的胡子。

读初一的王邱泽是一个学习刻苦的男孩。平时，在教室里，很少听到他的声音，他总是坐在自己的座位上，不停地演算，书写。但是，今天早上他却和自己的同桌争执起来。

早上，王邱泽来到学校放下书包，就去厕所了，回来之后，他刚刚在自己的位子上坐好，拿出英语课本，就听到同桌在自己的后边说："看人家王邱泽，满脸的毛毛，长得和原始森林里的大猩猩一模一样。"说完后，转过身来，用手拍了拍王邱泽的身体问道："邱泽，你们家是不是有'返祖'遗传基因呢？"

还没等王邱泽反应过来，教室里的同学们哄堂大笑，王邱泽感觉自己被侮辱了，红着脸，反驳到："你嘴上没毛，办事不牢，十足的娘娘腔。你还好意思笑我？我看你是停留在婴儿期忘记发育了，还是早点回家去要奶吃吧。"同学们又是一通大笑。被嘲笑的同桌不能容忍，于是和王邱泽争吵起来。

周围的同学一看情况不好，赶紧劝说。但是，两人谁都不认错，你一句我一句，吵得更凶了。无奈之下，有一个人冲出教室，把班主任老师请来了。班主任平息了他俩的争吵，然后说："你们已经长大了，进入青春期，胡子等一系列外部特征会随着身体的发育慢慢地表现出来，这是每个男孩成长必须要经历的事情，谁都逃不掉。但是由于多种因素的影响，每个人开始长胡子的年龄不同，无论现在长胡子还是现在没有长都不应该取笑对方。"

经过老师的讲解，王邱泽和同桌都认识到自己错了，握手和好。

## 爸爸对你说的悄悄话

一向听话刻苦的王邱泽因为长胡子被同学取笑，于是两人在班里发生争吵，最后经过老师的调解，握手言和。长胡子是正常的生理发育，因此，处于青春期的男孩发现自己长胡子了不要烦恼，发现别人长胡子了不要嘲笑。

## 延伸阅读

### 青春期男孩没有胡须是不是病态？

长胡须是男孩进入青春期后第二性征的一个表现。

男孩在进入青春期以后，第一个体征是睾丸和阴囊增大。随着睾丸发育成熟，开始具备了产生精子和雄激素的能力。在雄激素的作用下，男孩的第二性征随之出现，如躯体外形健壮、肌肉发达、面部长胡须、喉结隆起、嗓音低沉等。长胡须是雄激素作用的结果。男孩胡须的出现和定型有一定的过程。当青春发育期结束，男孩体内的雄激素达到正常成年人的水平，胡须才增多为成年人的样子。

身体健康的男孩，体内雄激素水平大体上是一致的，但每个男孩胡须的多少却不禁相同。有的人胡须浓密，有的人稀疏；有的人是络腮胡子，有的人是山羊胡子，这些都是正常状态下的差异。胡须的多少和形状和很多因素有关。

进入青春期的男孩无须是不是病态，要联系整个身体发育情况来判断。如果男孩的生殖器官和绝大部分的第二性征都发育正常，仅仅无须就不属于病态。因为男孩开始长胡须的年龄不是完全相同的，有的早几年，有的晚几年，都是正常的，完全不必着急。如果进入青春发育期，既没有长出胡须，其他的第二性征也不明显，甚至超过了青春期后依然没有发育，这就应该视为异常，需要到医院进行检查和治疗。

## 青春期男孩拔胡须会毁容

胡须是男性特征的一种表现，把它拔掉是没有必要的，甚至会引起不必要的伤害。

胡须是毛发的一种，在结构上同身体其他部位的毛发一样分为毛干、毛根、毛球三部分。毛干是露出皮肤外面的部分，毛根是埋在皮肤里面的部分，毛球是毛根末端膨大部分，毛球下端凹陷部分叫毛乳头，毛乳头里含有神经末梢和血管，它供给毛发感觉。毛根周围的袋状结构叫毛囊，它与附近的皮脂腺相通。只要有毛球、毛乳头和完整的毛囊存在，毛发就能再生长。拔胡子时仅仅能毛干、毛根，而拔不掉毛球、毛乳头和毛囊，因此胡子还会再生长出来。

用手指或镊子一根一根地拔胡须，是非常有害的。拔胡须会损伤周围的组织，轻者产生疼痛，重者感染细菌，损伤毛囊，引起毛囊炎，炎症再扩展则成疖肿以至蜂窝组织炎，留下瘢痕或永久性脱毛，造成面部“毁容”。同时，胡须所在部位正是医学上所说的“危险三角区”。发生在这个区域内的感染很容易扩散，引起更为严重的炎症。如果蔓延到颅腔内的海绵状静脉窦，有可能引起危及生命的败血症。因此千万不要用手指或镊子拔胡须。

## 安全砍伐的注意事项

（1）在参加体育运动之前不要刮脸。因为运动过程中的汗液会刺激刚刚刮过的皮肤，形成感染。

（2）不要剃除毛粒。虽然剃毛粒会使胡须刮得更干净，但容易刺激皮肤形成倒须。

（3）洗澡前绝对不要刮脸。由于皮肤对此毫无准备，很可能产生刮脸后的灼烧感，并且造成胡须向内生长。

（4）不要从不同方向刮同一地方的胡须。这样有可能把胡须刮得太短形成倒须。

（5）不要使用太旧甚至生锈的刀片。要及时更换不锋利的刀片。

（6）不要和别人共用剃须刀。污染刀片会传染严重皮肤病。

（7）在剃须的时候，脸部肌肉要保持放松，避免过于紧张，这样很有可能把皮肤表层的须根也剃掉。

（8）使用剃刀剃须时，不要在干爽的胡须上进行。如果不让自己的胡须保持湿润，那些刮破的刀痕和带血的脓疱至少要三四天才能好。

PART 2

# 别别扭扭的心理

## 怎么又到周一了？！

不良的家庭教育、不切实际的学习要求等因素是催生男孩产生厌学情绪的原因。社会生活的诱惑，如网络、早恋及众多娱乐场所让男孩坚持学习需要更多的毅力支持；理想教育的缺位使男孩缺乏战胜学习困难的勇气和动力；应试教育制造了大量的“失败者”，使部分男孩谈“学”色变，产生强烈的厌学心理。

又是周一了，眼看着再有几个月就要参加中考了，但无论父母怎么劝，丁磊都不想去上学。也不知道从什么时候开始，他变成了父母眼中的“问题少年”。

小时候，丁磊和爷爷、爸爸、妈妈生活在一起。后来妈妈和爸爸离婚了，嫁给了现在的爸爸，于是丁磊也就随着妈妈来到了这个家。

只有小学文化的后爸，脾气粗暴，经常因为学习和生活上的事情打骂丁磊。只要在学习或生活中犯一点儿错误，就会遭到父亲的严厉惩罚或殴打。有一次，因为帮家里干活，没有完成老师布置的作业，丁磊就遭到了后爸的耳光，打得丁磊鼻子都流血了。妈妈出来阻拦，后爸还理直气壮地说都是为了他好。

随着年龄的增长，丁磊不再像小时候那样害怕后爸了，胆子也开始变大，出现外出不回家的情况。第一次留宿外面被后爸知道后，后爸狠狠地打了他一顿。从小在打骂中长大的丁磊，对后爸的打骂早就没有了反应。那年，读初一的丁磊通过表哥认识了社会上的一些朋友，从此更是一发不可收拾，在家很少看到他的影子。特别是周末，两天的时间，他一刻都愿待在家里。实在没有办法的父母，就让他跟着在县城教学的小姨到县城读书。离开周围环境的丁磊，学习成绩不但更不好了，甚至和社会朋友在外打架斗殴，养成了好吃懒做的习惯。到了初三，他再也不想上学了，逃课成了家常便饭。无计可施的父母，只能让他自生自灭了。

## 爸爸对你说的悄悄话

读初三的丁磊由于受不良的家庭教育和社会因素的影响，对学校学习失去兴趣，结交了很多社会朋友，养成了打架斗殴、好吃懒做的坏习惯。在父母多次劝说无效的情况下，无计可施的父母只有任其自生自灭。丁磊的故事不得不说是家庭教育的悲哀。

## 延伸阅读

### 男孩产生厌学的原因

（1）学习困难，怕苦、怕累

学习困难是男孩产生厌学情绪的主要原因。很多男孩由于成绩差，在学习上感觉吃力，而自己又不愿意努力，导致成绩更差。久而久之，对学习失去兴趣，丧失学习的意愿，直至逃离课堂。

（2）自控能力差

青春期男孩好奇心重，自控力差，对自己不良的行为不能很好地控制，经常违反校纪校规，受到学校、老师的批评与教育，从而产生厌学、辍学念头。

（3）学校生活单调、乏味

应试教育的现状，让学校看重升学率，一切以考试为中心，把学生牢牢禁锢在学习文化的课堂上，让学生感受不到学习的乐趣与意义，丧失对学校生活的向往，产生厌学、辍学的心理。

（4）自卑感、孤独感

由于家庭教育、学生性格等因素的影响，有的男孩在学校中不能处理好与老师、同学的关系，导致人际关系紧张，进而被同伴歧视、孤立，产生孤独感和自卑感，导致厌学、辍学现象。

（5）经济条件差，感到前途无望

少数家庭因疾病、事故等导致经济状况差，进而使孩子丧失对学习的信心，感到前途渺茫，进而厌学、辍学。

（6）早恋分心、上网成瘾

有的男孩在同异性的交往中，不能慎重对待，出现了早恋，或沉迷于网络游戏、聊天中，降低了对学习的兴趣，进而导致厌学、辍学。特别是早恋双方中只要有一方出现厌学、辍学现象，则另一方厌学、辍学的概率大大增加。

## 产生厌学情绪的表现

（1）对学习失去了兴趣和信心

产生厌学情绪的男孩，经常不写作业，即使写也多是敷衍了事，造成了学习效率低，作业错误率上升，学习完全处于被动状态，学习对于他们来说是苦差事，是活受罪。

（2）注意力分散，上课不认真听讲

有厌学情绪的男孩，课堂上不能集中精力，不是开小差就是打磕睡，或者做小动作、说话，甚至因为精神和情绪消极，顶撞老师。

（3）自暴自弃

男孩由于成绩差而产生自卑感，失去对学习的信心，自暴自弃，一谈起学习就心烦、苦闷、焦躁、头痛，一进教室就情绪低落。

（4）痴迷于网吧或与社会不良人员接触

有厌学情绪的男孩，上课迟到成为家常便饭，进而出现旷课、逃课等现象，他们不再把精力和时间用于学习，而是用在上网、在社会上瞎混的事情上。

## 厌学的危害

（1）影响心理健康。厌学男孩整日生活在紧张、焦虑等消极情绪状态中，导致心理失衡，丧失对生活的信心和毅力。

（2）厌学具有弥散性。一个人错误的认知、不良的心理反应，容易污染班级的学习气氛。

## 男孩怎样克服厌学情绪

### （1）参加丰富多彩的课外活动

丰富的课外活动，不仅可以让自己学到知识，还可以发挥自己的特长，增加自信心，尤其是学校组织的集体活动，可以激发自己对学校的热爱，感受到学校生活的绚烂多姿，避免产生厌学心理。

### （2）为自己设立学习目标

有了目标才会有学习的动力。但学习目标要小，不能遥不可及或难以达成，不然目标不但对自己起不到督促的作用，还会让自己失去信心。

### （3）培养对学习的兴趣

兴趣是最大的动力。对学习有了兴趣，就会从被动学习变成自觉学习，就会克服学习中的困难，提高学习成绩。

# 猛然间发现，我的心里只有她！

男孩在进入青春期之后，在好奇心和朦胧性意识的驱使下，会对异性产生好感，从心理上渴望和自己中意的异性有更亲密的交往，开始在不自觉中注意和观察自己喜欢的异性，甚至产生“钟情”于异性的心理，但“钟情”心理并不等于爱上对方。那么，哪些表现才能表明男孩是从心底爱上了异性呢？

从唐心离开她的座位到完全从自己的视线中消失，宋平一刻也不曾离开过唐心的身影，他发现自己真的爱上了唐心。

唐心是在半年前从一所重点中学转到他们班的。由于绘画技术好，老师就把唐心安排到了宋平的板报组。

经过一段时间的相处，唐心给班里的同学们留下了好的印象。特别是宋平，他感觉唐心不但人长得漂亮，而且对工作还认真负责。好几次，作为板报组组长的宋平都感觉唐心的画已经画得很好了，但是她还说不够好，于是就擦掉重画。这样下来，每次大家都回家了，唐心还在班里画板报，无奈之下，身为组长的宋平也只好留下来，陪着她。

慢慢地宋平和唐心熟悉了，就经常在一起讨论生活、学习上的问题。他总是被唐心独到的见解和永不认输的态度所折服。慢慢地有一股奇特的感觉开始在宋平的心里升腾。他开始刻意地关注起唐心来。每次来到教室，宋平的视线总是不自觉地围着唐心转。要是没有看到唐心，宋平心里就开始不安起来，担心唐心到底还来不来，不来是病了还是家里出什么事情了。宋平也不能再像过去那样自然地和唐心聊天了，他渴望找唐心聊天，又害怕自己的心思被别人看穿。有时他真的很想克制自己的这种情感，但是越是要控制越是不自觉地关注唐心。

## 爸爸对你说的悄悄话

通过一段时间的接触，宋平对唐心产生了异样的情愫，见不到唐心，心理就惦记着她是不是有什么事情，见到了又躲躲闪闪，害怕自己对她的心思被别人看穿。宋平感到很痛苦，想控制，但是却发现越是控制越是关注。宋平这种对唐心不自觉的关注是青春期男孩常见的对异性的好感。

## 延伸阅读

### 男孩渴望与异性交往的心理特点

随着身心发育，男孩更加男性化，出现青春萌动，对异性产生兴奋感、向往感，有了自己心仪的女孩，甚至渴望和对方有进一步的交往。青春期男孩的渴望与异性交往的心理表现出以下特点：

（1）内心孤独、空虚

青春期男孩正处于心理的断乳期，内心孤独寂寞，渴望理解、关怀和慰藉，“郁闷啊！郁闷！”多是他们的口头禅。一旦遇到某个异性与自己理想中的对象比较接近，就会错误地认为“爱情降临了”。从而在心理爱上对方。

（2）认真神圣

男孩对异性的爱慕、向往是性心理发展的正常表现，是发自内心、自然而然产生的。因此，“我是认真的”是男孩常挂在嘴边的一句话。但是现实中的种种压力，又让他们不得不把对异性的爱深埋心底。

（3）偏执痴迷

由于青春期的特点，男孩对异性的爱慕心理，多出于自身生物的本能需要。于是很多男孩自编、自导、自演“电视连续剧”，甚至深陷自己营造的“甜蜜”痛苦中而不能自拔。

（4）直觉性

直觉性是指依靠对异性的外表、气质等因素的直接感知而对异性产生爱慕的心理倾向。处在青春期的男孩由于认知的不足和偏颇，很容易被那些外表可爱、漂亮的异性吸引，产生爱慕的心理。

## 青春期男孩怎样对待渴望和异性交往的心理

（1）做到尊重自己和尊重他人。在做到自尊、自爱的同时，珍惜对方，尊重对方。

（2）适度地付出情感。恋爱是双向的，而非一厢情愿的单恋。如一直都是自己盲目的单相思，那就要注意了。

（3）对自己的感情负责。健康的情感是一个人的人格和道德的体现。切忌跟着感觉走，切忌玩弄感情，害人害己。

## 如何建立起健康的两性关系

（1）适度交往。在同异性的交往中要做到恰到好处，既不因交往而萌动情爱，又不因回避或拒绝异性而伤害到对方。

（2）自然交往。在同异性交往中，言语、举止、表情、情感流露都要做到自然、大方，既不过分夸张，也不矫揉造作。

（3）留有余地。与异性交往毕竟不同于同性，所言所行要留有余地，不能毫无顾忌。比如，交往中彼此身体的接触要适度，不谈涉及到两性之间的敏感话题。特别是交往时间较长的异性，要把握好双方关系的发展程度。

## 我的地盘我做主！

随着年龄的增长，自我意识的发展，男孩开始更多地关注和强调自我，希望摆脱周围人对自己的束缚，特别是生活中父母对自己的管制，他们张扬个性，口口声声要保护自己的隐私，对父母的擅自闯入要大谈特谈。自我意识的增强是男孩走向成熟的标志。

“也不知道儿子怎么了，最近变得越来越不听话了。”孔展萧的妈妈在卧室里小声地对老公说。她害怕自己的声音稍大，让儿子听到了，他又会不高兴。

进入青春期以前，孔展萧可是附近人尽皆知的听话孩子。每天一放学就自觉来到自己的房间做作业。有时妈妈看着他思考的样子，很是心疼，说玩一会儿再写吧。但是他总是说老师布置的作业要紧，写完再去玩也不迟。不仅学习方面从来不用父母操心，就是在家里也是父母的好帮手。每次他都主动帮父母做一些事情。

但是自从进入青春期之后，孔展萧好像完全变了一个人。他偷偷给自己的电脑设置了密码，在自己的小屋门口贴了一张纸“闲人勿进”，还扬言要保护自己的隐私权。这不就在前几天，没有把他的这些“奇怪”言行当回事的妈妈，在匆匆忙忙中闯进了他的房间，他很是不高兴，说什么也不让妈妈去干活，给妈妈讲了一大堆的理由。还专门告诉妈妈如果再不小心闯入，自己就会采取相应的措施了。

在接下来的日子里，没有孔展萧的允许，任何人都不得进入他的房间。甚至连妈妈叫吃饭，都要先敲门才能进来。拗不过儿子的孔妈妈在每次进入儿子的房间前都要先敲门。

## 爸爸对你说的悄悄话

心理的成熟，让自我意识在男孩的脑海中日渐凸显出来，他们开始更多地关注自己，强调自我的重要。进入青春期的孔展萧，为了保护自己的隐私，在自己的小屋门口贴了“闲人勿进”的字条，面对妈妈的擅自闯入也要有一番纠缠，很是有一股“我的地盘我做主的”势头。

## 延伸阅读

### 什么是自我意识

自我意识是一个人对自己身心活动的认识和评价，即自己对自己心理倾向、自我特征、自我心理以及与周围人的关系的认识和感知。

正是由于有自我意识，人才能对自己的行动和情绪进行自我调节，使自己形成完整的个性。随着年龄的增长，男孩的心理日渐成熟，逐渐将眼光从外部世界转向自我，把原来不可分割的自我分化成观察者的自我和被观察者的自我两部分。

### 自我意识包含三种心理成分

（1）自我认识。自我认识是主观自我对客观自我的认识与评价，是自己对自己身心特征的认识。正确的自我认识，对个人的心理生活及其行为表现都会产生较大的影响。

（2）自我体验。自我体验是主体对自身的认识而引发的内心情感体验。自我体验与自我认知、自我评价有关，良好的自我体验有助于自我监控的发展。

（3）自我监控。自我监控是自己对自身行为、思想、言语的控制，具体表现为发动作用和制止作用两个方面。通过调节自己的行为，使行为符合群体规范，符合社会道德要求，提高学习效率。

## 自我意识成熟的表现

（1）能意识到自己的身体特征和生理状况。

（2）能认识并体验到自己的心理活动。

（3）能认识并感受到自己在社会和集体中的地位与作用，并通过自我调控，让自己的言行更符合社会规范和道德规范。

## 青春期男孩自我意识发展的三个阶段

### （1）分化

男孩在进入青春期以后，开始更多地关注自己的内心世界和内心体验，将个体自我分裂为主体自我和客体自我两部分。经过分化后，男孩开始主动认识和改造自己的主观世界，进入自我心理发展期。

### （2）矛盾

自我意识的分化，引起了自我意识内部的矛盾，使男孩开始感受到儿童期从未体会到的种种内心冲突和思想斗争。为此，他们常常感到困惑、苦闷和烦恼，甚至迷茫不解。

### （3）统一

自我意识经过一段时间的矛盾与冲突，男孩的自我便在新的水平上实现了协调与一致，实现自我的统一。

## 青春期自我意识发展的特点

青春期是男孩依据自身的想法和意愿探求和反思发现自己的时期。因此，这时期男孩的自我意识主要具有如下特点：

（1）开始趋向于关注自己的内心世界

随着知识的增长，男孩开始自觉地认识和评价自己的个性品质、内心体验，从而能够独立地支配和调节自己的活动和行为。

（2）逻辑性和现实性增强

男孩的自我意识中对自己的认识逐步向逻辑性和可实现性发展。虽然处于青春期的男孩对于社会的认识还很肤浅，但是他们已经初步形成自己独特的世界观，对很多社会现象有了自己独到的见解对自己的未来也开始有了初步定位。

（3）独立性和自主性增强

青春期的到来，使男孩的自我意识发生急剧的变化。开始强烈地关心自己的身体、容貌，关注别人对自己的评价，无论是在心理还是生活上都希望摆脱父母对自己的控制，实现自我的独立。

（4）自我评价能力提高

进入青春期后，男孩在生理和心理上的急剧变化，使其产生一种“成人感”，同时也使他们对自我的评价能力迅速提高，片面性减少，范围会扩大，从对自己的外貌、体重等外在的东西评价的同时，也开始评价和认识自己的人生观和价值观。

（5）自我意识发展的不平衡性

男孩的自我意识发展到十七八岁虽日渐成熟，但仍不完善，还有待于进一步发展，而且较高级的自我意识发展还很不平衡。

## 依赖，阻碍了我的成长！

当男孩跨进青春期这扇大门的时候，在拥有更多自由的同时也要负担起更多的责任。有的男孩在面对青春期的种种变化时，无法跨越依赖别人尤其是依赖父母的心理障碍。依赖别人，意味着放弃对自我的主宰，往往不能形成自己独立的人格。依赖心理是男孩成长道路上的绊脚石，应及早丢弃。

“康康是我唯一的孩子，可以说，我们把所有的事情都替他安排好了，只要能想到的，我们都替他想了，能替他做的我们都替他做，他从出生就没有受过一点罪、一点儿委屈。可如今，他……”看着一直都呆呆坐在那里的儿子，少康妈妈哽咽着说。

少康出生时只有三斤半，看着如此瘦小的儿子，全家都担心养不活，于是只要能提高他食欲和抵抗力的方法，家里用遍了。少康也算争气，在全家人的百般呵护下长成了 14 岁的小伙子。

从小就习惯了父母替自己安排一切的少康在长大后也没有试着改变这一切。每天上学之前，总是妈妈把要穿的衣服放在他床前；吃饭时，也要等妈妈把饭盛好了放在自己面前……没有一点儿生活经验的他，每次在学校被同学欺负了，总是哭着回来向父母诉苦。然后，让父母带着自己到学校告诉老师。

前几天刚转来的彭飞是一个调皮捣蛋的孩子。他从同学们那里听说了少康的事情之后，觉得很好奇，于是就约了班里几个“坏”孩子，决定在下午放学后，吓唬少康。

他们在少康回家必经的小胡同里等着他。看到少康来了，他们一起带上各种稀奇的面具，突然跳到少康面前，逼着他拿出钱，还说要是不拿就要了他的命。缺乏生活经验的少康哪见过这种场面，除了大声地哭爹喊娘，别的什么也不会。当彭飞把一把小刀搁在他脖子上时，他彻底被吓傻了……

被经过此地的人送回家后，少康就一直处于惊恐状态，除了不停地向父母求救，就是呆呆地发愣。

## 爸爸对你说的悄悄话

青春期，又称为第二次“断乳期”。在这个时期，有的男孩不能正确地对待自己的成长，处处依赖父母。而青春期依赖的产生同父母过分照顾有关。从小习惯了“衣来伸手饭来张口”的少康遇到调皮彭飞的恶作剧时，被吓傻了。家长的过度保护，导致孩子头脑中没有问题，没有矛盾，没有解决问题的方法，遇到事情就变得手足无措。

## 延伸阅读

### 依赖心理产生的原因

青春期男孩出现依赖心理是有一定原因的，主要由以下两个方面导致：

（1）自卑感导致的心理依赖

有的男孩因家庭贫困、身体缺陷、能力不强等导致严重的自卑心理，认为自己不如他人，在日常交往中，不自觉地就让自己处于配角位置，心甘情愿地受他人的支配。

（2）教育不当引起的心理依赖

有的父母从小就对孩子娇生惯养，替孩子安排好生活中的一切，让孩子变的没主见，丢失自己的个性，即使遇到什么问题也要等待父母的救助，养成了做事依靠父母的心理。

## 依赖心理的表现

男孩一旦产生依赖心理，表现为缺乏信心，放弃对自己的支配权。男孩的依赖心理主要表现在以下两个方面：

（1）缺乏自信，没有主见

有依赖心理的男孩总觉得自己能力不足，感觉自己什么都做不好，甘愿将自己置于从属地位，习惯什么事情都听从别人的安排和摆布。遇事优柔寡断，总是向自己的朋友和父母求助。

（2）喜欢和独立性强的人交朋友

有依赖心理的男孩在困难、挫折面前多表现的不知所措，慌乱痛苦，他们迫切希望此时有个人出来帮助自己，于是他们会在生活中主动结交一些独立大胆的朋友，希望在他们那里找到依靠、寄托。

## 依赖心的危害

依赖心理是青春期男孩常见的一种病态心理，其主要特征是过分地依赖他人，遇事犹豫不决，缺乏自信。

有依赖的男孩，遇到问题不自己解决，总是寄希望于他人的帮助，长期下来，不能形成自己独立的人格，丢失自我。

有依赖心理的男孩，学习上，喜欢让老师细心指导，放弃独立思考，不能做到知识的融会贯通、举一反三、充分掌握。在家里，连穿什么衣服、吃什么饭这么简单的问题也要听从父母的摆布和安排，丝毫没有自己的看法和要求。然而一旦失去可以依赖的人，他们会不知所措，表现出恐惧、担心等不良情绪，这时的他们就像断线的风筝，没有着落，茫然不知所措。

## 男孩怎样克服依赖心理

（1）对依赖心理的危害有充分的认识

日常生活中要养成良好的生活习惯，经常帮助父母做一些力所能及的事情，自己的事情自己做，提高自己的动手能力，培养自主性和独立性。学习上，在向别人请教之前，要先独立思考。

（2）丰富自己的生活内容，培养独立生活的能力

在机会和困难面前，要独立地拿主意，想办法，增强自己独立的信心，培养独立解决问题的能力。要丰富自己的生活内容，让自己有机会接触到生活的方方面面，提高对事物的认识和评价能力。

（3）用理智约束自己

当依赖成为一种生活习惯后，就不是轻易可以消除的。因此，患有依赖心理的男孩应理智地约束自己，遇事尽量自己处理。

（4）培养忍受孤独的能力

独处，有助于客观正确地认识自己，形成独立自主的个性。患有依赖症的男孩要学会享受一个人的时光，可以通过阅读、听音乐等方式充实自己，在孤独中培养独立生活的能力和意志。

（5）在生活中树立行动的勇气，恢复自信心

相信别人可以做到的事情自己也一定可以做到，即使没有做好的事情，也不要一味地贬低自己，相信通过努力，自己一定可以做好。

## 爸爸，为什么我们不能飞离地球呢？！

在成功的道路上，兴趣是起点，是动力，而产生兴趣的直接原因是好奇心。青春期男孩正处在兴趣的高峰时期，好奇心重，对很多事情都有浓厚的兴趣，喜欢问“为什么”，很有一股不到黄河心不死、不达目的不罢休的精神。但好奇心过强也会误入歧途，沾染一些不良习惯，因此，应该正确对待青春期的好奇心。

某中学16岁的洪键获得了市教育局授予的“科技小先锋”的称号，全家正沉浸在幸福和喜悦中。

周围人对洪键的评价是“好奇心强，兴趣广泛”。洪键在小学就表现出了很强的好奇心，他总是缠着爸爸问这问那，“太阳为什么在白天才能看到，而晚上看到的却是月亮和星星？”“为什么我们大部分时间在陆地上，而鱼却在水里？”“为什么……”他总是能想到各种稀奇古怪的问题来考验爸爸妈妈。爸爸妈妈无法回答时，就让他自己找答案。于是洪键除学好学校规定的课程外，还在业余时间翻阅文学、历史等多种书籍，而科普书籍是他最喜欢的，每次在书店一看到关于科普的新书，他总是在第一时间买下，到家后就全身心投入其中。

上中学后，他的好奇心更强了。担任中学物理教师的刘叔叔每次到他家，总是被他问个没完没了。中学紧张的学习不但没有让他放弃好奇心，为了满足自己的好奇心，他早就不满足于书本上的知识，于是他经常在家里捣鼓一些东西。有时把妈妈买的新表拆了，看看为什么表可以准确地计算时间，有时把爸爸不用的旧手机搞的七零八落。经过多次试验，洪键成功改进了学校的水龙头，让学校每天节省很多水，由此市教育局授予他“科技小先锋”的称号。

## 爸爸对你说的悄悄话

不难看出，引导洪键走上成才之路的第一个“引路人”就是好奇心。他对什么都好奇，在爸爸妈妈无法解答自己的情况下，他从书本上找寻答案。上中学之后，他开始把自己对事物的好奇，从书本转移到实践中，自己动手研究，成了学校里的“科技小先锋”。好奇心是打开科学之门的金钥匙，洪键正是在好奇心的帮助下，走上成功道路的。

## 延伸阅读

### 男孩要警惕青春期不良的好奇心

（1）对吸烟的好奇心

男孩开始吸烟多是由好奇心引起的。常听周围的人说“饭后一根烟，赛过活神仙”。神仙什么样，吸一支烟自己就知道了。在这种好奇心的驱使下，慢慢染上了吸烟的恶习。

（2）对饮酒的好奇心

看到大家一起饮酒的热闹场面，男孩常想，为什么大家一喝酒就那么高兴？由于这种好奇心作怪，男孩渐渐染上了嗜酒的恶习。

（3）对不良文化的好奇心

有的电影上写着“18 岁以下严禁观赏”的字样，这就让男孩感到好奇，为什么自己不可以看呢？里面是什么东西呢？越不让看，反而越激起他们的好奇心。由于他们对不良文化缺少鉴赏和抵制能力，而误入歧途。

## 正确的好奇心是成才的金钥匙

（1）好奇心与智力

在智力的发展中，好奇心起着先导的作用。如果一个男孩没有好奇心，就不会主动、认真地观察某件新奇的事物，更不会思考，不思考就不会对纷杂的事物做出正确的判断，更不会做培养和提高智力的活动。

（2）好奇心与兴趣

好奇心与兴趣是分不开的。在好奇的指引下，对某未知事物产生了强烈的探求欲望，发生浓厚的兴趣，才有探求的行为。

男孩要时刻激发自己的好奇心，激励自己求知的欲望，让自己不断对新事物产生兴趣，带领自己走向成功。

## 好奇心成就奇迹

居里夫人说："好奇心是学者的第一美德。"好奇，是我们知识的萌芽，没有好奇心，就没有了想象力和创造力。

一些不了解、不明白事情总是引起我们的好奇，让我们去探究。在人生的道路上，兴趣是起点，爱好就是行动，而产生兴趣的直接原因就是好奇心。爱迪生因好奇，经过无数次试验后发明了白炽灯；瓦特因看到水沸腾产生好奇，从而有了蒸汽机的诞生；牛顿被下落的苹果砸到，想到"为什么苹果会往下掉？"有了后来的牛顿第一定律……因为有了好奇心，世界上许许多多原本不存在的东西都被人们挖掘出来了。

## 好奇心有利弊，要正确认识

兴趣是最好的老师，而兴趣来自好奇。面对色彩缤纷的大千世界，处于探求期的男孩们对任何新奇的东西都充满了好奇。同时他们在对事物不断的探求中找寻答案，在找寻中走向成熟。好奇，不但让他们成长，更带领他们走向成功。

但世界纷繁复杂，很多不良的东西在诱惑着男孩，让他们在不良好奇心的驱动下，陷入泥潭沼泽，导致道德沦丧、人格败坏，甚至走上犯罪的道路，给家庭和社会带来危害。虽然好奇心很重要，但是要学会辨别，对于好的好奇心要积极主动培养，并让其激发自己的兴趣，让自己养成好的习惯，成就自己辉煌的人生；对于吸烟等坏的、不良的好奇心，要自觉抵制，从心里认识到其危害性，并在生活中自觉远离这种环境、场所，不给它们靠近的机会。

# 他的成绩那么好，我恨死他了！

有人说，嫉妒是万恶的根源，是美德的窃贼。嫉妒会让男孩消磨自己的斗志和锐气，陷入无止境的叹息，使自己的人生之舟搁浅在嫉贤妒能的荒滩上；嫉妒还会让男孩丧失应有的善良，造成人格低下。一个怀有深重嫉妒心的男孩，绝不会是一个心灵美好、情操高尚的人。男孩若与嫉妒为友，烦恼、忧愁、悲观就会笼罩在心头，形成顽固的心理障碍。

某市一中学发生了一起命案。一名 17 岁的高二学生小伍在洗手间内用水果刀向同班同学小彪身上连刺 4 刀，小彪随后被送到医院抢救，但由于伤势过重，到医院没多久就死亡。

同为同班同学的小伍为什么非要向自己的同学小彪下此毒手呢？深究原因才知道原来是嫉妒。

小彪是班里的学习委员，成绩优异，一直都是老师得力的小助手。小彪不但成绩好更是关心同学，只要班里的哪位同学有不懂的问题，他总是很热情地帮助他，直到把问题弄清楚。小彪在得到老师的信任和同学爱戴的同时，也让班里一直沉默的小伍嫉妒。由于嫉妒，每次考完试，只要一听到小彪的好成绩，看到他那种兴奋的样子，小伍就从心里恨小彪。这时他总是感觉好像有什么东西堵着自己的胸口，让自己连呼吸都变得困难无比。在嫉妒心的左右和控制下，小伍再也没有心情学习了。

眼看就要到期末考试了，为了班级的名次，作为学习委员的小彪决定找小伍好好谈谈，让他在最近一段时间要好好学习，争取为班级争得荣誉。但小彪的话不但没有让小伍认识到学习的重要性，反而激起了他更大的嫉妒心，他认为小彪凭着自己学习委员的身份，小瞧自己，变相说自己拖了班里人的后腿，他怎么也不能容忍，他一定要找个时间好好教训一下小彪。于是在就出现了故事开头的一幕。

## 爸爸对你说的悄悄话

嫉妒是人生道路上的断肠草，是人所有情感中最不健康的情感。小伍由于看着同班小彪的成绩好，不能正确对待，不能产生积极的学习动力，反而产生嫉妒心理，最终导致了悲剧的发生，让自己本来美好的青春，从此陷入了深渊。嫉妒心是青春期男孩人生路上的敌人，一定要努力克服。

## 延伸阅读

### 男孩在学习上产生嫉妒心的原因

（1）心胸狭窄。有的男孩由于自己不肯下功夫学习，把自己的好成绩寄希望于侥幸，总是希望别人出现失误，自己超过他人。一旦这种侥幸心理，不能得到满足，就会产生嫉妒心理。

（2）过度的虚荣心。有的男孩在班上成绩比较好，一旦遇到一次成绩不好的情况，当听到同学们的论时，就会感到心理压力，出现企图平衡自己心态的嫉妒心理。

（3）家长教育的失误。有的家长喜欢用“激将法”，喜欢把自己的孩子和周围同龄的孩子进行比较，说别人怎么好，自己的孩子怎么不如人，其实这样很容易使孩子不努力，而陷于愤愤不平的不良情绪之中。

## 学习中嫉妒心的危害

（1）丧失学习自觉性。男孩在学习中出现了嫉妒心，往往不去考虑怎样通过努力赶上或超过别人，而是担心自己被越抛越远，出现焦虑、畏惧等不良心理，从而丧失了学习的自觉性。

（2）导致学习的虚假成分。因嫉妒成绩好的同学，男孩的内心多充满恼怒、不服气等不良情绪，使正常的学习受到影响。为了提高自己的成绩，他们采取作弊等违规手段来实现。

（3）导致人际交往障碍。男孩在学习中出现嫉妒心理，有可能贬低别人的成绩，攻击别人的学习行为，甚至不再与别人交往。

（4）患上身心疾病。有的男孩终日担心别人超过自己，神经始终处于高度紧张状态，会引起内分泌系统的功能失调，使自己产生生理和心理疾病。

## 被他人嫉妒怎么办

（1）豁达大度：要想解脱他人嫉妒带来的苦恼，最根本的是自己的胸襟要宽，气量要大，不去斤斤计较别人的一言一语。对于嫉妒自己的人，不要刻意疏远，要用自己的宽大胸襟瓦解别人对自己的嫉妒。

（2）反躬自问：对于他人的嫉妒，一方面要客观对待，不庸人自扰；另一方面要善意对待，从冷嘲热讽中发现和汲取对自己有用的东西。此时不妨冷静思考一下，为什么会引起别人的嫉妒；有些逆耳的挖苦，也可能会说到自己的短处；即使是完全没有根据的风言风语，也不必生气，不妨引以为戒，作为自勉和鞭策。

（3）确立自信：要相信自己的所作所为是正大光明的。否则，自信不足，心存疑虑，庸人自扰，势必忧心忡忡，似乎外界的风言风语都该承受。

## 男孩怎样克服嫉妒心理

嫉妒心是青春期一种极为不良的心理，在很大的程度上阻碍了男孩的健康成长，给他们的生活带来危害。

（1）正确认识嫉妒。一个人的成功不仅要靠自身的努力，更要靠大家的帮助。嫉妒是对自己的否定，不仅危害他人，也会损伤到自己。

（2）要有宽大的胸怀，能容忍别人。每个人都有自己的长处，不能因为自己有短处而害怕别人超过自己，自己的成绩也不应该成为别人进步的障碍。对别人的优点和成绩要抱欢迎的态度。

（3）不要放大自己的优点。如果只看自己的优点，而且看得过重，就不能容忍别人超前的优势。在任何时候，把自己看得平常些，不要高高在上，一副不可一世的姿态。

（4）对别人的进步有一个正确的评价和对待。要看到别人成绩中蕴含着辛勤努力，自己应当从中受到鼓舞，要奋起直追，而不是嫉妒、贬低、攻击他人，来抬高自己。

（5）充实自己的生活。培根说："嫉妒是一种四处游荡的欲望，能享有它的只能是闲人。"工作学习的节奏很紧张，生活过得很充实，就不会有多余的精力和时间嫉妒别人。

## 我这是怎么了？！

青春期是少年向成人过渡的中间阶段，它既与少年有别，又与成人不同，有人把它称为“人生历程的十字路口”。性意识的萌发是贯穿青春期最大的特征，与此同时男孩在心理方面的变化，主要反映在性心理领域，他们渴望了解相关的性知识，对性的关注由儿童期的不自觉到自觉。

“我这是怎么了，真是心理变态。”焦伟刚一边写作业，一边小声骂自己。

焦伟刚出生于一个偏僻的农村，父母都是地地道道的农民，为了让在县城读高一的焦伟刚有一个好的未来，他们没白天没晚上的劳作。父母的付出，懂事的焦伟刚看在眼里，记在心上，他努力学习，在人才济济的高中也名列前茅。

那么是什么事情让学习中的焦伟刚这样骂自己呢？

原来这段时间，也不知道怎么了，焦伟刚感觉自己好像着了魔，总不能把安下心来学习了。一会儿还认真地做着作业，一会儿头脑中就会出现对异性的向往之情，冲上大脑。更糟糕的是，自己居然从心里对女生的身体好奇不已。有时还偷偷地找相关的资料看，并且越是提醒自己控制，这种欲望就越强烈，很多时候让学习中的他都不得不暂停学习，到外边放松一下。

今天也是同样，开始看书没有多久，就开始胡思乱想，再也不能把精力投入到书本上，于是就小声地骂了自己一句。

没有办法的焦伟刚来到表哥家，把自己的情况说给表哥听。

从表哥那里，焦伟刚明白了自己的这些想法和念头都是正常的，既不是有什么病，更不是心理变态，之所以会有这样的想法，是因为自己长大了。

## 爸爸对你说的悄悄话

进入青春期的男孩由于身体的发育和心理的发展，性意识开始朦胧出现，并且随着年龄的增长，在心里不自觉地滋长。他们渴望了解与性相关的所有知识，但是有的男孩因为不能正确的认识这种成长，而在心里暗暗责骂自己的无耻、变态，甚至背上了犯罪感的心理包袱。因此，对男孩进行青春期性知识的教育势在必行。

## 延伸阅读

### 青春期男孩性心理有哪些表现

（1）渴望了解性知识。随着身体的发育，男孩很自然地想了解有关性的知识。因为在进入青春期后，男女孩身体有了明显不同的特征，于是很多男孩很想了解自己和异性身上发生的变化是怎么回事，而表现出对性知识的渴求和兴趣。这种要求是正常、合理的。它帮助男孩打破对性的神秘感，掌握正确、科学的性知识，促进身体发育和心理健康。

（2）自慰行为。随着身体的发育成熟，男孩出现的性欲望，是青春期发育中正常的生理和心理现象。由于受一定社会道德和法律规范制约的，男孩性欲望的缓解，通常表现为各种自慰性的行为。很多进入青春期的男孩通过手淫来满足性冲动。

（3）情爱型梦幻。处于青春期的男孩，有时会想入非非，以梦幻的形势来满足心理上的需要。把曾经在电影、电视、书刊中看到的情爱镜头和片断，加以重新组合，虚构出自己与异性交往的种种情景，这种梦幻心理又称“白日梦”。

（4）对异性的爱慕。青春期男孩对异性向往是青春期性心理发展的正常表现。

## 青春期男孩性意识发展的四个阶段

青春期男孩的性意识由不自觉到自觉；对性对象，由同性转为异性；对性的兴趣，由反感到爱慕到初恋……几乎是每个男孩必经的历程。

（1）性抵触期

青春发育之初，有一段较短的时期，男孩总想远远地避开异性。这主要与生理因素有关。由于第二性征的变化，使男孩对自己和异性所发生的剧变感到茫然与害羞，本能地产生对异性的疏远和反感。

（2）仰慕长者期

青春发育中期，男孩常对周围环境中的某些年长者产生爱慕心理，在精神上引起共鸣，甚至模仿这些长者的言谈举动，以致入迷。

（3）向往异性期

青春发育后期，随着性发育的渐趋成熟，男孩对与自己年龄相当的异性产生兴趣，并希望在接触中吸引异性的注意。

（4）恋爱期

青春发育完成，男孩把友情集中寄予自己钟情的一个异性身上，彼此常在一起，情投意合，生活中互相照顾体贴，憧憬婚后的美满生活。

## 男孩怎样预防青春期性心理问题

青春期是性生理和性心理发展的关键时期，也是容易出现性心理问题的关键时期。那么处于青春期的男孩们如何来预防性心理问题呢？

（1）了解科学的性知识，正确对待性现象

对于青春期的男孩来说，性知识与其他学科知识同等重要。要保证青春期性心理健康发展，必须重视性知识的学习，这也是预防青春期性心理问题的第一步。

（2）调节情绪，保持健康性心理

青春期的男孩情感丰富多变，可能因老师或家长的一句批评，情绪跌入低谷；可能因异性同学的一句赞美而一天心情大好，这是很自然的事情。但情绪波动过大，或长时间情绪低落都不利于学习和健康。这时要学会调节和控制自己的情绪。

（3）把握青春方向，明确主要任务

男孩要想顺利度过青春期，必须积极进行自我设计，顺应社会发展趋势，树立奋斗目标。有了明确远大的目标，就有了学习和进取的动力，就不会有过剩的精力用于寻求性刺激。同时，对理想的追求能有效转移对生理肉欲的追求，使性刺激得到升华，不断完善自己，塑造健全的人格。

（4）提高自己的性修养，遵守社会性道德

青春期男孩应学会自尊、自爱，保持独立的人格和尊严，约束自己的性冲动，在同异性的交往中，做到友好、礼貌、诚恳、大方，不要过分亲昵，更不要挑逗、骚扰。

# PART 3

# 涩涩的青苹果

# 爱上你不是我的错！

青春期是渴求爱的季节。青春期的爱是最纯洁的、最美好的情感。由于身心的日渐成熟，男孩经常会爱上与自己朝夕相处的某个异性，一旦表白，双方就会开始早恋。其实青春期男孩开始对异性的恋爱时正常的现象，是他们心里成熟的标志，早恋是一种“爱的修炼“。

初二下半学期，由于父母工作的调动，江天佑转进市里最好的学校。

上学第一天，从来没有见过这么大学校的江天佑迷路了。在学校里转了好几圈，也没有找到自己的教室，眼看马上就要上课，江天佑急的团团转。这时从校门口，进来一个很漂亮的女孩。江天佑急忙问：“你知道初二三班在哪吗？”女孩连忙说：“我就是那个班的，你迷路了吧，我们一起走吧。”江天佑很是感激。到了班上，别的位置都坐满了，江天佑和女孩在老师的安排下成了同桌。

在接下来的交往中，江天佑知道女孩叫小诺。作为同桌的两个人在以后的学习中，互相帮助，一起学习。在短短的时间内，江天佑的成绩从刚刚到校时的中游上升到了班级的第七名。江天佑在感激小诺对自己帮助的同时，也开始在心里有一种异样的情愫产生。每次和小诺在一起学习时，他总是忍不住偷偷地看小诺漂亮的脸，然后就陷入痴想中，他开始故意躲着小诺，但是一旦看不到小诺，他就感觉自己的生活失去了意义，又迫切希望见到小诺。江天佑知道，自己爱上了小诺。被这种痛苦折磨的不知所措的江天佑决定向小诺表白。

在一个周五放学后，江天佑对小诺说自己找她有点事，让她在操场等自己一下。小诺正靠在操场边的栏杆上看书，江天佑走了过来。他们就聊了起来。后来江天佑说："我带你去个地方。"拉着小诺来到了学校外面的小溪边。他牵着小诺的手问："小诺，愿不愿意当我的女朋友？"虽然江天佑的要求很是让小诺吃惊，但是小诺还是很高兴地点头同意了。

## 爸爸对你说的悄悄话

"哪个少年不钟情"。的确，男孩进入青春期也就迈进了多梦的年华，或多或少地开始钟情于某个异性，在经过一段时间的交往之后，就会确立恋爱关系。江天佑和小诺在经过一段时间的相处之后，彼此都在心里产生了对对方的好感，当江天佑向小诺表白时，小诺虽感突然，但还是满心欢喜地接受了。

## 延伸阅读

### 青春期男孩早恋的原因

（1）虚荣心作祟。青春期的男孩虚荣心很强，都希望有一个上得了台面的女朋友在同学、朋友面前炫耀，就这样形成了早恋。

（2）赶流行心理。身边的朋友、同学都开始恋爱了，所以为赶流行而开始早恋的情形也屡见不鲜。

（3）好感错以为爱。随着身体的发育，很多男孩对异性产生了好奇心，然而由于有的男孩对好感和爱区分的不是很清楚，错把对异性的好感当作爱。于是就产生一种看似恋爱实则不是恋爱的"早恋"。

（4）心里空虚。家长忙碌，没有时间照顾他们，使得他们感觉不到自己被爱，于是就情不自禁地想寻找温暖，如果此时恰好有一个异性可以给他们这种感觉，就自然而然的“早恋”了。

## 早恋经历的几个阶段

（1）默默地爱。总想多看对方几眼，甚至找机会多接近对方。在这个阶段男孩常用“眉目传情”“暗送秋波”的方式向对方表达自己的爱意。

（2）开始交往。在中学里，很多男孩把从电影、书籍上看到或听到的话写在小纸条上，送给对方，以表达爱意；有时也约会，如一起逛公园、遛马路、看电影等。

（3）明确关系。确定彼此之间的恋爱关系，而且还将这种关系公开化了，也即所谓“敲定”。

## 青春期早恋的特点

青春期的男孩特别容易发生早恋。需要注意的是，对异性的好感、爱慕不等于恋爱。一般来说，青春期的早恋有以下三个特点：

（1）朦胧性。即模糊不清的感情，似乎是爱，又似乎不是爱，错把对异性的好感当作是对异性的爱。

（2）不稳定性。青春期男孩的可塑性强，情绪不稳定，随着时间的推移，双方情况、感情都会发生变化，而每一种变化都可能给爱情带来影响。

（3）单纯性。由于生活经验不足，青春期男孩往往认为爱就是一切，不附加任何条件，但由于常与现实不符，因此往往蒙受心灵上的创伤。

## 早恋的危害

青春期男孩的早恋尽管为少数，但一部分早恋现象对他们已经造成了很大的危害，因此早恋的危害是不可忽视的。

（1）分散精力，影响学业。早恋导致不少优秀的男孩荒废学业，从而影响了他们的前程。早恋的男孩中有不少成绩优秀、出类拔萃，但因为早恋，使他们过分兴奋、痴迷，甚至沉醉于爱的幻想中，再也无法全身心地投入学习。

（2）感情冲动，种下苦果。通常情况下，恋爱和性爱时常纠缠在一起。青春期的男孩女孩一旦开始恋爱，恨不得时时刻刻在一起，他们或成双成对外出郊游，或自由自在地进出电影院，影视中男女亲吻、搂抱等镜头会成为他们关注和模仿的焦点，激发他们的感情冲动。强烈的性冲动往往使他们失去理智，不考虑后果从而发生性行为。

（3）恋情不稳定。青春期的恋爱，是在男孩女孩身心都不成熟的情况下进行的，加上没有固定的经济基础。因此，这种爱没有什么牢固的根基，极易中途夭折。

（4）意志涣散，影响风气。在学校里，一个班级如果出现了男女学生谈恋爱的现象，会产生种种反响。一些人把早恋事件当作课余饭后谈论的焦点，探听恋爱者的行踪和隐私活动，从而转移了大家的学习兴趣和注意力。有的甚至羡慕、向往、效仿他们，也开始找朋友，谈恋爱，影响了学校的风气。

# 暗恋的千滋百味！

暗恋是一种美丽的情怀，也是一份浪漫的伤痛。当自己像忧郁的哲学家一样在那条路上反反复复地走来走去时，只为了假装不经意地、偷偷地看她一眼；当自己在路上和同伴们一起推搡打闹时，也只为了引起她对自己的注意……只要一切是为了她，哪怕她并不在意，自己的心里也会有那么一丝青春感伤的甜蜜。

上初二的陈泽明跟着同学去家里玩。在同学的家里，陈泽明遇到了她。初相识的一刹那，陈泽明就知道自己喜欢上了那个女孩。

平时，陈泽明是个大大咧咧的男孩子。在班里总是和很多人打闹，更多的时候是把自己的东西随处乱丢，找不到就开始问东问西打听，吃饭时也不注意，总能看到他衣服上粘有饭粒子。可自从那天之后，一切都改变了。

他记得那天的下午阳光细细碎碎的，空气中也弥漫着不知名的花香。正坐在桌前喝水的陈泽明在不经意的一瞥中，看到在对面的窗口有一个头发飘逸的女孩，穿着碎花的长裙，站在自己对面的窗口尽情地拉着小提琴，陈泽明看呆了。

直到同学从厨房出来，大声说："吃饭了。"陈泽明才不得不把自己的眼神从对面的窗口收回。

从同学家回来之后，陈泽明匆匆吃过晚饭，就回到了自己的屋里。他坐在床上傻傻地发呆，在同学家看到的一幕又浮现在他眼前。他当即决定给同学打个电话，说自己一直都想学小提琴，苦于没有人指导，一直没有行动，今天在他家看到对面的窗户中一个女孩，小提琴拉的很好，问同学知不知道女孩是谁，在哪里学习呢？

从同学处，陈泽明知道女孩不但小提琴好，学习也很棒。而且和自己同一个学校。

知道这些之后，陈泽明变得不再吵吵嚷嚷，也不喜欢和班里的那几个调皮的男生打闹了，他立志要杀进班里的前三名，还要进学校的乐队。

## 爸爸对你说的悄悄话

暗恋是一种美丽的痛。因为不为人知，尽管白天几多牵挂，夜晚无数梦会，却只能深深藏在心里。暗恋像什么？暗恋像月光，是一种微凉的忧伤在流淌。在一次偶然的邂逅之后，陈泽明喜欢上了对面窗口的女孩，但是自己对她却一无所知，仅仅靠从同学哪里得到的消息，足可以给自己一改从前大大咧咧的性格，走进另一种人生。

## 延伸阅读

### 暗恋现象

暗恋是指对一个人心存爱意或好感，但这种爱意因种种原因无法告知对方。暗恋现象多出现于青少年中。

情窦初开的青少年偷偷暗恋的情况时有发生，产生暗恋可能是不经意间发生的，也可能是刻意的。因为现实中的种种压力和阻力，不得不把感情埋藏在心里。另外，暗恋的对象可能是朋友、生活中的熟人、团体聚会中刚认识的朋友。

暗恋是一种腼腆的爱与喜欢，不愿说出口，但一直坚守的感情，多数情况仅存在于单方面。由于无法向自己喜欢的人表白，暗恋会让人抑郁、焦虑、缺乏自信、情绪起伏大。

## 男孩暗恋女孩的十种表现

（1）看见对方和别的男孩打闹，心里就会不舒服，甚至会刻意躲开。

（2）忍不住把自己令人刮目相看的那一面告诉对方。

（3）留心对方的一举一动。

（4）毫无理由地给对方打电话

（5）对对方的朋友极为友好。

（6）不敢正视对方，心跳加速。

（7）为了引起对方的注意，故意大声说话或做一些吸引人眼球的事情。

（8）目光经常留恋对方，比如说看对方在做什么，有没有听课，和谁讲话等等。

（9）极度想告诉对方自己的想法但缺乏勇气。

（10）经常间接对对方开玩笑，以借此试探对方。

## 暗恋的三大罪状

### （1）暗恋的男孩易自恋或者自卑

因为向对方表达的门堵住了，只好自己胡乱想象。无论在家还是在外面，总觉得自己长得不好看，觉得自己一定是有什么缺点才会让对方不喜欢自己，从而产生自卑感。

### （2）暗恋的男孩易导致学习成绩下降，事业下滑

有暗恋情结的男孩上课时，把自己的精力专注于暗恋对象的身上，而不能集中精力听课，容易出现失误，被老师责骂，最终导致成绩下降。

## 男孩怎样从暗恋中解脱出来

### （1）分清“爱情”和“友谊”的界限

“爱情错觉”的产生往往是由于自己爱上对方，而对方也从言行上表示出对自

己的好感，但对方对自己的好感也许仅是友谊的表现。因此，处于青春期的男孩要明确“爱情”和“友谊”之间的区别，避免把对方对自己的友好错认为是爱情的暗示，让自己陷入暗恋的旋涡。

（2）转移注意力

有暗恋倾向的男孩要拿出信心和勇气，与自己的脆弱感情作斗争，要多参加体育活动或集体活动，激发自己的学习兴趣，多交朋友，让自己从暗恋中解脱出来。

（3）做到急流勇退

一旦发现自己陷入暗恋的境地，就应该毫不迟疑地打消这爱情上的“海市蜃楼”，借助理智的力量，尽快地摆脱自己编织的虚幻的情网，获得感情上的解脱。

（4）要给自己的“感觉”打问号

产生在“感觉”基础上的“爱情”只是一种感性感情，与真正的理性爱情不能相提并论。所以，当自己感觉到某个异性的温情时，一定要多问个“为什么”，进行冷静的思考，切莫过分相信自己的感觉，以免作茧自缚。

## 她的礼物，我接受吗?

处在青春期的少男少女，都会朦胧而羞涩地产生一种渴望与异性在一起的微妙情感。就在这爱的天使悄悄降临身旁的时候，有的男孩会突然收到一封感情炽热的求爱信或是满含爱意的礼物……男孩，当你第一次收到这礼物时，你会怎样做呢?

经过“黑色六月”的洗礼，朴博终于考入了当地最好的高中。

全新的环境，全新的同学和教师，这一切都让他兴奋和激动。由于是第一天上课，谁和谁都不认识，大家除了和前后座打一声招呼，就拿出新书自己看。朴博也把新发的语文书摆在自己的前面，但是一点儿看的心情都没有，初中毕业典礼那天发生的事情总是浮现在他眼前。

那天，由于是初中生活的最后一天，朴博很早就来到了学校。一到学校，他就做到自己的位置上，想要把自己的东西整理一下，把有用的东西带回家，没用的就直接给了学校收废品的张师傅。

刚把抽屉里最上层的复习书拿出来，发现有东西掉了出来。朴博俯下身，捡了起来。原来是一张精美的卡片。上面写着：“博，让我做你的女朋友好吗？”落款是“虹”。看着上面清秀的字迹，朴博知道卡片是同班的王虹给自己的。一时之间朴博不知道该怎么办，眼看着班里的人越来越多，只能先装到书包里。

虽然当时不知所措，但是一到家就把这件事给忘了。直到在自己来上学的头一天。在路上又遇到了王虹，她还问朴博，说自己给他的礼物看到了吗？考虑得怎么样了呢？匆忙中，朴博只能说自己还没有考虑好。

现在想起来这件事来，还是很让朴博头痛，他不知道该怎样处理。

## 爸爸对你说的悄悄话

在成长的岁月里，任何一个男孩都可能遇到女孩送礼物的情形，这是一种正常现象。然而麻烦的是，想得到的未必来，不想得到的恰恰可能闯入自己的生活。那么男孩怎样面对女孩满含深情和爱意的礼物呢？故事中的朴博就遇到了这样的事情，但是他很是困惑，不知道怎么处理。

## 延伸阅读

### 面对异性示爱，男孩为什么总是不知所措样子

男孩进入青春期后，时常会遇到异性示爱的情况，但是很多男孩在面对不同异性示爱，会表现的不知该如何是好？这是为什么呢？

（1）害怕失去朋友。人天生就怕孤独，更何况要交到一个知心的朋友是极不容易的。因此，有的男孩面对异性的示爱，怕自己的拒绝令对方尴尬，从此不再和自己相处。

（2）不懂拒绝的技巧。拒绝其实也是一项技能，特别是拒绝异性的示爱更是要技巧的。从来没有心理准备和从来没有经历过异性示爱的男孩，即使想拒绝但是却不知道怎样说出口。

（3）害怕伤害到对方。爱情是两情相悦，是彼此之间发自内心的吸引。面对自己不喜欢的异性示爱，男孩自己拒绝会带给对方伤害，让对方失去生活的信心。因

此，犹豫不决。

## 拒绝异性示爱时，要注意什么

面对自己不喜欢的异性的示爱，拒绝怕伤害到对方，也伤害多年的友谊，接受，可自己心里真的不喜欢，欺骗对方不说，很多时候自己也觉得难受。那么处于青春期的男孩怎样拒绝不喜欢异性的示爱呢？

（1）让对方了解自己的真实感受和想法。可以约对方在附近的公园，然后把自己的想法告诉对方，也可用写信的方式，把自己的感受讲给对方。无论采取哪种形式，都要说明自己是真心希望和对方做朋友，很珍惜彼此之间的友谊。只要够真诚，对方是可以理解的。

（2）要给对方留下面子，切不能伤人自尊。别人追求你是对你有好感，是对你人品和言行的肯定。不留面子地拒绝对方，不仅会破坏彼此之间的关系，而且也会影响自己在周围人中的形象。所以绝对不能以伤人自尊的方式拒绝对方。

（3）力求使对方释然，自动退出。用自己的言行打动对方内心最脆弱的一环，让她明白自己真的不适合她，自动放弃。

（4）在时间、地点上注意选择拒绝方式。当确定要拒绝时，就要及早拒绝，不要对别人时冷时热，招致对方产生错觉，让对方陷入更深的情感中，伤害到彼此。

（5）不要到处宣扬。不能做情侣，还是好朋友。即使拒绝了对方，也不要把对方对自己的好感到处炫耀，给对方造成生活上的不便，甚至伤害。

## 男孩如何拒绝异性示爱

面对异性的示爱，有的男孩怀着从众和好奇的心理，随波逐流。其实有的男孩根本就没有这方面的想法，但收到了他人的“爱慕”信息，就稀里糊涂地答应了，结果浪费了感情，耽误了学业，悔之晚矣。那么正值青春期的男孩如何拒绝异性的示爱呢？

### （1）要正确对待

青春期是人生的重要时期。从思想上看，这一时期男孩的人生观、价值观尚未定型，前途未决，可变性还很大，即使确立情感彼此成功的可能性也很小；从意志上看，自制力差，易感情用事，做出“越轨”的事情；从经济上看，没有经济基础，情感得不到有力的保障；从精力和时间上看，必然出现与学习争精力、争时间的矛盾现象，影响学习。因此，男孩不宜贸然接受异性的示爱。

（2）要妥善解决

要妥善处理，要注意保护对方的自尊心。不要轻易嘲讽、训斥、谩骂对方；或随意报告老师，向同学公开，使对方难堪。在遇到异性示爱时，不妨装作若无其事的样子，照常与之正常交往，既不要刻意疏远和回避，也不可过于热情、亲近，可略冷淡，让对方了解自己的心意。如果遇到苦苦地追求、纠缠的情况，可直接与其交谈或写信给对方，内容可包括：谢谢对方的好意，明确自己的意见态，诚恳地晓以弊端，希望珍惜彼此之间的友谊。交谈或回信的态度要鲜明、坚决，注意场合，方式要恰当，语气要温和。

# 老师，我不该爱上的人

身处青春期性意识萌发阶段的男孩很容易喜欢上年轻漂亮、知识渊博的年轻女教师，甚至有的男孩沉溺其中不能自拔，影响学习和生活。年轻的男孩们，如果你心中萌生一份美丽纯真的“恋师情结”，最好是让它悄然化为自己向前的动力，帮自己走向成熟，而不是把它说出口。

肖兵是一个 16 岁的高一男孩。幸运的是教他英语的女教师，是一个刚刚从大城市来到这里的大女孩。

每次肖兵看到英语老师那美丽的面容，听到她悦耳的声音，总感觉有一股暖流在自己的身体里流淌。

每次上英语课，肖兵眼睛一眨不眨，看老师微微抬起右手写板书的动作，是那么优美；听老师讲的每一句话，是那么动听。为了能更近距离的观察老师，肖兵每节英语课都问问题。只有这样，才能靠近她，才能闻到老师身上淡淡的清香。为了让老师注意自己，肖兵课下拼命地做着英语习题。

一次，英语老师让写一篇《我的英语老师》的文章。肖兵在文章中稍稍透露了自己对老师的爱。在作文交上的第二天，肖兵被英语老师叫到了办公室。老师告诉肖兵应该把主要的精力放在学习上，更不要因为一时的冲动造成终身后悔。

但是，老师的简单开导并没有让肖兵走出对心里的困惑。肖兵变了，在英语课上，不敢抬头看英语老师。在食堂或操场碰到英语老师，也会绕道。有了问题也不敢问。他怕自己一接近老师，就不能再不控制自己。

这种煎熬的日子持续了半个学期。肖兵的英语成绩由班里第 2 名退到班里第 78 名。英语老师意识到问题的严重性，最后命令肖兵和她好好谈谈。在办公室里，老师给肖兵讲了很多的知识，也谈了很多的知心话，再临出门之前，老师表示她对肖兵抱很大希望，相信他一定会再次回到那个学习认真的男孩。

## 爸爸对你说的悄悄话

这是一个美丽的恋师情结，这是一朵难以结果的美丽的感情之花。肖兵是幸运的，他遇到了一位好老师，故事的结尾没有说肖兵走出了心里的迷茫，但老师的希望就是最大的动力，相信他一定可以。青春期的男孩，当你在心中喜欢上自己美丽大方的女老师时，应该看到恋师是一朵没有结果的青春之花，要尽快走出来，不要让他成为自己生活的困扰。

## 延伸阅读

### 男孩“恋师情结”的心理特征

正值发育期的男孩常常会有“恋师情结”。他们在被崇拜教师折服的同时，通过模仿，觉得自己似乎也变得崇高起来，表现出较高的进取心和行动的积极化。但如果为此而消沉、心理闭锁，或是不切实际的单恋就会产生很大的负面影响。

那么，有“恋师情结”的男孩究竟表现为怎样的一种心理呢？

（1）心理的闭锁性和不切实际的虚幻单恋。大多数具有“恋师情结”男孩具有闭锁心理，他们极少向父母、师长或同伴吐露内心的想法或感受。甚至他们把倾慕对象过分理想化，唯恐自己冒失轻率的举动引起对方的不满和反感。从而，把这种情感发展为一种炽烈虔诚而又虚幻的单恋。

（2）不稳定性。“恋师情结”多是一种精神上的单相思，被倾慕的教师往往并不知晓，即使偶尔有所觉察，大多也能巧妙地加以处理。其次随阅历增长，男孩对他人的评价能力逐步提高，开始理智地判断自己与对方在各方面的巨大差距。所以随时间流逝，多数男孩的“恋师情结”会逐渐淡化，只留下一缕美好的回忆。

（3）一种纯真的精神向往。男孩迷恋的异性教师，往往是那些智慧和人格出类拔萃，深受学生钦佩敬仰的人。其实，男孩这种对异性教师的钟情实质上是他们内心自我完善的自然流露，从而“恋师情结”透射出男孩对美好事物的纯真向往。

## 男孩怎样克服恋师情结

（1）参加集体活动，增加与同龄人交往

男孩如果长期沉溺于“恋师情结”，就难以消除依赖心理和自卑心理，造成和同龄人交往困难。因此男孩应多参加劳动、演出、文学社团等丰富多彩的集体活动，增加与同龄人交往，从而转化和消除自己的“恋师情结”。

（2）调节自己的性心理

恋上老师的男孩要调节自己的性心理。认识到老师就是老师，与自己是两代人，而且自己看到的老师也仅仅是她的一面，自己对老师的全部并不了解。

（3）提高自我评价能力，促进自我意识发展

在“恋师情结”的形成、发展过程中，男孩自我意识的发展水平与成熟度始终起着关键的作用。因此，男孩要想克服自己的“恋师情结”就要不断提高评价自我与评价别人的能力，从理性的角度认识自己和周围的人。

（4）提高对自我的理解和感悟

男孩要在生活中提高自己的理解和感悟能力，以便帮助自己理性地认识社会和人生，防止由于认知偏差和错觉，误把某些品德不良的年长异性当作“英雄”崇拜、迷恋，甚至上当受骗，造成不良后果。

## 多数“恋师情结”不了了之

“恋师情结”是思想和情感处于幼稚不成熟阶段的男孩，对老师的背景、性格等各方面缺乏了解和判别的情况下，由于一时感情冲动产生的对老师爱慕的情感，有很大的盲目性。由于缺乏实在的基础，再加上青春期谈恋爱容易分散精力，影响学业，导致青春期男孩的“恋师情结”很难持久。

## 网恋，缥缈的爱！

网络是一个虚幻的世界，有的男孩由于痴迷于网恋，生活跌入痛苦和虚妄的深渊。网恋就像罂粟花一样，一旦染上，伴随左右的就只有痛苦和煎熬。正值青春期的男孩要正确对待网恋，避免身陷其中。

刚刚迈进大学校门的泰在经历了高中的日夜奋战之后，面对大学轻松的学习环境和氛围，突然产生了一种失落的感觉。每天只是夹着书、拎着水杯，教室、食堂、宿舍三点一线地跑。

为了打发自己无聊的时间，泰把大部分的时间都花费在图书馆。由于不善交际，本来就内向的他更喜欢独来独往。一个星期天从图书馆出来的泰，来到了网吧，在网管的介绍和帮助下，泰学会了网上聊天。苦于没有人交流的泰，学会了网上聊天，自此一发不可收。于是网上聊天就成了泰打发无聊时间的重要方式。也是在聊天中，泰认识了她。

那天，刚刚上线的泰的头像开始闪动，一个网名为“希望做幸福小女人”人要求加他为好友。在简单的寒暄之后，两人开始聊自己的对人生的态度，对生活的苦闷，很有一种相见恨晚的感觉。于是“希望做幸福小女人”就成了泰聊天中的常客。在经过一段时间的了解之后，彼此感觉对方很适合自己，于是他们在网上彼此以“老公”“老婆”相称。有了思念的人之后，泰总是把生活中父母给的那点很少的生活费，再次精简，把节省下来的钱给女友买好吃的，买昂贵的化妆品，买漂亮的衣服，然后通过快递寄给在异地的女友，尽管他们彼此没有见过面，但是泰相信对方一定是一个温柔善良、贤淑大方的女孩。

一次女孩说自己在逛街时，包被人抢了，手机也丢了。可能一段时间不能给泰打电话。知道这些之后，泰就给家里说自己要交一些资料费，寄两千元来。收到家里钱的泰立刻给女孩汇过去，让她买手机。但是等了几天后，女孩并没有给泰打电话，而且再也没有了消息。

## 爸爸对你说的悄悄话

网恋再美，也总是太虚无的。因此，很多时候，网恋都是来也匆匆去也匆匆。泰在网上认识了一个女孩之后，开始了网恋，为了给素未谋面的女友买东西，他省吃俭用，甚至欺骗父母，但最后得到的却是音信全无。

# 延伸阅读

## 男孩网恋的表现形式

### （1）欣喜若狂型

多表现在那些精力旺盛的男孩身上。他们一旦开始网恋，会在很短的时间内进入网恋状态，且心情激动的不亚于中了大奖。恨不得把自己网恋的事情告知全世界人，在向别人说自己网恋的情况时，两眼放光，情绪激动，甚至连走路都好像是脚下装了弹簧，一路蹦跳。其精神状态始终处于一种亢奋状态。

### （2）郁闷型

郁闷型是与欣喜若狂型相反的一种类型，多表现在那些内向、不善言辞的男孩身上。他们开始网恋后，多不表达出来，而是把这种情感深深地埋在心底，自我品味，独自享受。乐了，偷着乐；苦了，独自咽。一旦网恋受挫，多会痛不欲生、自暴自弃。

## 网恋的危害

随着电脑的普及，青春期的男孩接触到网络的机会越来越多，上网成了他们炫耀的资本。他们在通过网络获得知识和信息的同时，网恋的问题也逐步凸显出来，给家长造成困扰，给家庭和社会带来危害。那么网恋的危害到底表现在哪些方面呢?

### （1）隐瞒性

网上的男男女女都习惯隐瞒自己真实的年龄、姓名、性别等。为了吸引异性的注意，他们多会扮演“博学、正直、善良、痴情”的人，然后用甜言蜜语引异性上钩。

### （2）欺骗性

欺骗充斥在网络的每一个角落。有些不法分子利用网络的隐瞒性把自己说成“腰缠万贯、容貌出众、谈吐文雅”的人，从而欺骗那些网络知识少、爱慕虚荣的人上钩。

### （3）毒害性

沉迷于网恋的男孩会把大部分的时间和精力用于网上恋爱，导致身体的透支，甚至有的人利用网恋诱发男孩犯罪。

## 男孩如何有效预防网恋

（1）树立正确的人生观和价值观。崇高的人生观、价值观会帮助男孩树立远大的理想和追求，把主要精力用在努力学习科学文化知识上，严于律己，自觉抵制网络中的不良因素。

（2）文明上网，养成良好的上网习惯。要认真学法，自觉遵守有关部门禁止未成年人进网吧的规定。不沉溺于游戏和网络聊天，不浏览不健康的网页。要充分利用网络资源的优势，提高自身素质，做到有节制上网。

（3）多参加有益身心的活动。通过参加有益身心的活动，可以培养男孩健康的人格，在没人监督情况下，也能够谨慎处事，提高自我约束能力，识别有害信息。

PART 4

# 别理我，烦着呢

# 不要着急给心灵的窗口安上玻璃！

眼睛是心灵的窗户，给人们带来明亮的世界。而近视就像一个魔鬼，一旦缠上我们的眼睛，就会再也不放开，它让我们不能用明亮的双眼去看美好的世界，蓝蓝的天空，白白的云朵，皎洁的月光……男孩们，相信你一定不想和眼镜做朋友，那就请保护好自己的眼睛，改掉不好的行为，让眼睛更健康。

读高一的李彦峰已有四年的眼镜史了。他清楚地记得第一次感到自己近视是在一次历史课上。那天，坐在自己位置上的李彦峰看老师写在黑板上的字时，总感觉模模糊糊、朦朦胧胧，好像自己眼前总是雾蒙蒙的样子，那些字也没有原来清楚了。回家之后他把自己的感觉说给了妈妈听。妈妈说他可能近视了。

近视可给李彦峰的生活带来了不少的烦恼。

有一次，他和几个同学约好一起去市里玩，由于大家的意见不统一，有的人想去这里，有的人要去那里，于是就分散开了。由于玩得高兴，李彦峰从商场出来时天已经黑了，他就匆匆往家赶。刚开始还好，路灯很亮，他也就没什么可顾虑的，只管骑着自行车放心大胆地走就可以了。但是快到家时，由于路灯坏了还没修好，四周都是一片漆黑，李彦峰只好下来。推着车子慢慢前行。但是他走了一段之后，突然感到撞到了什么似的，吓了他一跳，他突然想起自己有近视，于是用手一摸，原来是一个人，对方很是不高兴地吼道：“怎么走路的，不看呀？”李彦峰只好赶紧道歉。

近视让李彦峰吃尽了苦头，每次上课只要忘了戴眼镜就什么也看不清，尤其是老师往黑板上抄一些东西，他只能在那里傻等着，等别的同学抄完之后，借来抄。他真后悔，没有近视之前，不知道好好保护自己的眼睛。

## 爸爸对你说的悄悄话

有四年戴眼镜史的李彦峰深刻体会到近视的不便之处，后悔没有好好保护自己心灵的窗户——眼睛。进入青春期的男孩面对增大、加重的学习压力，为了提高自己的成绩，常常忽视对眼镜的保护，造成近视的形成。

## 延伸阅读

### 近视形成的原因

（1）用眼距离过近。近视以长期用眼距离过近引起者居多。人眼的调节力很强，当书本与眼睛的距离达 7 ~ 10 cm 时能看清物体，但如果经常以此距离看书、写字就会使眼睛的调节异常紧张，从而形成近视。

（2）用眼时间过长。有的男孩连续 3 ~ 4 小时看书写字、做作业、看电视。这样使眼睛负担过重，眼内外肌肉长时间处于紧张状态而得不到休息。久而久之，当看远处时，眼睛的肌肉不能放松而呈痉挛状态，形成近视。

（3）不良的读书、学习习惯。有的男孩有在床上、车上看书的习惯。不良的读书习惯会导致眼睛疲劳，出现近视。

（4）光线过强或过弱。光线太强，会引起强烈反射，刺激眼睛，使眼睛不适；光线过弱，书面照明不足，眼睛不能清晰地看清字体，头部就会向前，凑近书本。

无论光线过强还是过弱都会引起眼疲劳，形成近视。

## 近视的分类

从不同的角度分，可分为不同的种类。

（1）按照眼睛调节作用的影响分类，可分为假性近视、真性近视、混合性近视三类。

假性近视：其眼球轴径长度正常，但屈光间质的屈折力超出常度，多表现为晶状体调节过度，因此远处的光线入眼后成像于视网膜前。

真性近视：其屈光间质的屈折力正常，眼轴的前后径延长，远处的光线入眼后成像于视网膜前。

混合性近视：与真假性近视同时存在的状态。散瞳后近视屈光度有较多的降低。学习任务繁重的青春期男孩多为此种近视。

（2）按照近视的程度分类，可分为低度近视、中度近视、高度近视三类。

低度近视：屈光度≤ 300 度的近视。

中度近视：屈光度在 300 ~ 600 度之间的近视。

高度近视：屈光度 > 600 度的近视。

## 近视的危害

（1）学习成绩下降。男孩一旦得了近视不配戴眼镜看不清字，配戴了眼镜后容易造成视疲劳，注意力不集中，导致成绩下降。

（2）影响孩子前途。出现近视的男孩在升学的专业选择和就业上都会受到限制，导致前途受影响。

（3）容易伤害到眼睛。青春期的男孩生命力旺盛，喜欢运动，若佩戴眼镜后，若不慎受撞击碎眼镜，轻者眼睛被扎伤，重者导致失明。

## 青春期男孩怎样预防近视

（1）防止用眼过度。近距离学习时间最好不要超过 50 分钟。在进行长时间的学习时，最好隔一段时间，休息一会儿，让自己的眼睛得到休息。经常做眼保健操，对预防近视也有一定作用。

（2）学习环境的照明条件要良好，桌椅高低要适宜，学习时眼与书本的距离保持在 30 ~ 35 cm。

（3）写作业感到眼疲劳时，可选择远眺或闭目几分钟，让眼睛休息，并且不要揉眼睛。

（4）注意个人用眼卫生，保持眼睛周围清洁。

（5）不要在强光或暗处看书，不要躺着、趴着或走动、乘车时看书，养成良好的看书习惯。

（6）注意饮食营养，多吃羊肝、猪肝、鸡蛋、牛奶、胡萝卜、蔬菜等食物，不偏食，不挑食。

## 口臭，口里的秘密！

口臭，让男孩的青春乐曲无人欣赏，让男孩的生活失去光彩。口臭，让开朗豪爽的他们变得沉默寡言，让才华横溢的他们羞于在人前展示自己。男孩一旦有了口臭，与人交谈也将变成一种奢望，更不敢谈恋爱，害怕自己一张口就会吓跑心目中的“公主”。生活中，为了不招致别人的厌烦，他们只能独自面对。

从小学到初中侯强的学习成绩一向都是拔尖的。性格开朗的他，身边朋友众多，但自从上高中之后，也不知道为什么，侯强一下变了许多，变得不爱讲话。

同宿舍的人也觉得侯强的性格有点古怪，相处的时间久了，他们发现，平时大家围在一起侃时，侯强从不加入，他不是坐在一边默不作声，就是埋头看书。但晚上睡觉前，大家躺在床上聊天的时候，他的话就来了，而且是一鸣惊人，句句精辟。

其实，侯强是有苦衷的，因为他发现自从上高中后，竟无缘无故有了口臭，为了避免尴尬，他不愿意与人面对面说话。更让他郁闷的是每次都要躲着女朋友微微。

记得微微生日那天，他和微微约好了一起吃饭。他在家里梳洗整齐，穿上新买的衬衣，皮鞋擦得铿亮。一切准备妥当，他满心欢喜地来到了和微微约好的餐厅。晚餐后，俩人手牵手漫步在海滨长廊，吹着柔柔的海风，望着天上闪烁的点点繁星，再看看身边活泼美丽的女友，侯强陶醉了。他情不自禁地侧过脸，欲亲吻女友。就在侯强把嘴凑近女友的那一刹那，微微像触了电似的，一把将侯强推开，并脱口而出："你的口好臭！"侯强懵了，微微的直言不讳却让侯强窘得满脸通红，把手放在嘴前，认真的感知了一下自己呼出的气，侯强也闻到了一股难闻的气味。

从那天开始，侯强的生活再也没有阳光，他在同学面前不敢张口说话，更不敢和女友进行近距离的亲密了。

## 爸爸对你说的悄悄话

口臭，是人口中散发出来的令别人厌烦、使自己尴尬的难闻口气。口臭让男孩不敢与人接近，甚至产生自卑心理，令自己异常苦恼。口臭让成绩优秀、开朗大方的侯强变得不爱说话，更不敢和女朋友进行近距离的接触。生活在口臭阴影下的侯强感觉自己的生活失去了阳光。

## 延伸阅读

### 引起口臭的原因

（1）吃东西引起的口臭. 在日常的饮食过程中，有的男孩喜欢吃大蒜、洋葱、韭菜等带有异味的食物，这些食物的味道在短时间内难以消失，导致出现口臭。

（2）未经治疗的龋齿。在龋洞内常积存食物残渣，细菌丛生，则腐败分解而生臭味。

（3）牙周炎患者。牙周袋内呈化脓性炎症，口腔内的唾液混有脓液，也使口内有臭味。

（4）身体内脏、肠胃功能、内分泌、身体代谢及免疫力受损引起口臭，并可能会出现除口臭以外的多个症状。

（5）呼吸道疾病、慢性鼻窦炎、鼻炎、扁桃体炎、鼻部肿瘤、气管炎、支气管癌肿等引起口臭。

（6）不良的情绪导致口臭。有的男孩因为生活压力或身体疾病，造成情绪多变、心情压抑暴躁，导致体内浊气淤积，从而引起口臭。

## 口臭早期症状有哪些

口臭除了口中发出难闻的臭味之外，其证型不同，伴随的症状表现也不同。

### （1）中医分类

食积口臭：多由过饱伤胃、缩食停滞胃中引起。其症状表现为口出酸腐臭味、脘腹胀痛、不思饮食、嗳气口臭等。

热痰口臭：多由热痰犯肺或热痰郁久化脓化腐引起。其症状表现为口臭、咳吐痰浊或脓血、胸痛短气等。

胃火口臭：多由火热之邪犯胃所致。其症状表现为口臭、面赤身热、口渴饮冷、口舌生疮、牙龈肿痛、流脓出血等。

虚热口臭：多由阴虚生内热所致。其症状表现为口臭、口干咽燥、心烦不安、失眠多梦、大便干结。

### （2）西医分类

西医将口臭分为单纯性口腔口臭病和免疫脏腑功能失调口臭病两种。

一、单纯性口腔口臭病。单纯性口腔口臭病主要是由单纯的龋病（俗称蛀牙）和牙周病（牙龈炎和牙周炎）等口腔病引起。除口臭明显之外，还表现为口腔牙龈肿、痛，局部发热等症状。

二、免疫脏腑功能失调口臭。除口臭这一明显标志之外，还会根据患者的个体差异，分别出现以下单个症状或者以下多个症状表现：舌苔厚腻、口干口苦、气短胸闷、肠胃不适、腰膝酸软、肢体麻痛、身体常发热、易疲劳、易感冒、精神不振、头发干枯、耳鸣等症状。

## 口臭的治疗偏方

（1）甘草 30 片，苹果一个切成块，香菜 20 棵，一起下锅（砂锅），放两碗半水煎成一碗左右，弃渣取其汁，稍凉后加入适量蜂蜜饮用，一天一次，连服 5 天。

（2）佩兰 15 g，水煎服，日 1 剂，每次煎 10 分钟，含漱或者内服。

（3）木香 10 g，公丁香 6 g，藿香、白芷各 12 g，葛根 30 g，水煎，分数次含漱。

（4）取藿香（鲜品尤佳）15 g，苍术 10 g，加水煎取药液 500 ml 后，再放入冰片 1 g 溶化，每天含漱 3 ~ 4 次，至痊愈为止。

## 消除口臭十法

（1）养成饭后漱口的习惯，特别是注意剔除残留在牙缝中的肉屑，含蛋白质较高的食物最易引起口臭。

（2）有顽固性口臭的男孩，应养成饭后刷牙的习惯。

（3）三餐不宜吃的过饱，饱食易引起口臭。

（4）积极治疗牙周炎、肝炎、胃病等引起口臭的疾病。

（5）空腹时间不宜过长，长时间空腹易导致口臭。

（6）就餐前，做十余次深呼吸，有助于避免产生口臭。

（7）生活中少吃或不吃大蒜、葱等可以引起口臭的刺激性食物，如吃了刺激性食品，可通过嚼茶叶、口香糖或吃几个大枣的方法来消除。

（8）睡眠时间不宜过长，过多的睡眠易导致口臭。

（9）平时注意保持口腔湿润、勤喝水。

（10）在两餐之前，吃些水果可有助于避免或减轻口臭。

# 你让我往东，我偏往西！

青春期男孩处于从少年向成人的过渡期，自我意识的凸显，让他们常以成人自居。为了表现自己的“非凡”，喜欢用一种批判的眼光来对待周围的一切。为了引起外界对自己的注意，他们用各种违反常规的手段、方法来确立自己与外界的平等地位，甚至表现出多疑、偏执、冷漠、不合群的的病态性格。

小时候的封峰是成绩优异、有礼貌的男孩，深得父母、老师和亲戚朋友的喜爱。可自上初中之后，父母发现他变了，变得特别不听话，经常与家长对着干，总是反其道而行之。家长越管他，他就表现得越叛逆。

前几天，刚下了大雪，在家里憋了好几天的封峰和班里的几个男同学约好了，星期天一起去打篮球。

早上，封峰匆匆吃了几口早饭，就要出门，被刚从外边散步的爸爸看到了，爸爸问道：“干什么去？”“我和同学约好了一起去打篮球。”封峰回答道。“打篮球就穿这点衣服呀！”爸爸一边说一边用手轻轻地抻了抻封峰的衣服。

“这点衣服还少？穿多了怎么打篮球。”

爸爸厉声喝道：“必须穿厚点，不然你就别出去了。”

封峰也不甘示弱："你不让我出去，我就不出去了？我都和同学说好了。"说着就往门口走去。

看着快走出门口的儿子，父亲一伸手，抓住了封峰的胳膊："你小子敢和我顶嘴，我说不让你出去，你就不能出去。"

眼看就要到和同学们约好的时间了，封峰一抡胳膊，挣脱了父亲的抓缚，冲出了家门，留下的是父亲的一声大喊："你小子有种就不要回来。"

## 爸爸对你说的悄悄话

封峰这种表现就是我们通常所说的"逆反心理"。逆反心理过重或自己不善于自我处理和自我调节，会给自己带来心理压力，引起心理障碍。逆反心理还容易造成感情失控，可能会铸成大错。那么产生这种心理的原因是什么呢？

## 延伸阅读

### 为什么会出现逆反心理

逆反心理是一种不健康的心理，不利于男孩的成长。那么，进入青春期的男孩为什么会产生逆反心理呢？

（1）青春期心理特点的影响

进入青春期的男孩正处于从儿童向成人的过渡期，其独立意识和自我意识日益增强，希望能摆脱成人的监护和束缚。他们讨厌别人把自己看作小孩，他们喜欢以成人自居，为了表现自己的非凡，喜欢对任何事情持批判态度。当他们感到外界无视自己的独立存在或自我表现欲望受到妨碍时，他们就会产生逆反心理，从而运用各种方法和手段来确立自我与外界对立的情感。

(2) 家庭因素

“望子成龙”的心理让很多父母对孩子要求过多，超过了他们所能容忍的限度，导致他们厌烦，产生逆反心理；有的家长在教育孩子喜欢采用粗暴、命令式的方式，不给孩子任何自由的空间，造成他们产生反感、抵触的情绪。

(3) 教育因素

有的教师在教育学生的过程中，对学生有不公正、不公平的处理，导致产生逆反心理。

## 逆反心理的特征

(1) 盲目性

逆反心理过强的男孩，对任何事情都横加抵制和反对，想干就干，随心所欲，不听任何劝阻，不顾后果，往往导致不良的结局。

(2) 放纵性

具有逆反心理的男孩对他人的劝阻不是视而不见，就是大发脾气，甚至大打出手，他们做任何事情从来都是凭自己的喜好进行，从来不考虑任何的后果。

(3) 极端性

表现为情感和行为的极端性，一味地抱着与他人或外界对着干的心理，对待周围的一切。

(4) 抵触性

无视和对抗社会行为规范，带有抵触情绪，易发生触犯法律的行为。

## 正确看待青春期逆反心理

青春期是指男孩由不成熟到成熟的转化时期，也是男孩由少年到成年的过渡时期。德国著名的心理学家夏洛特·彪勒把青春期称为“消极反抗期”，也就是“叛逆”时期。

(1) 青春期男孩的叛逆是人性的本质使然。男孩进入青春期后，随着身体和思想的成熟，开始主动承担责任，建立自己独立的个性，他们希望成就一个完整的自我。而现实生活中的种种条件，让他们的自我意识受到了约束，不能痛快地展现，于是他们希望用逆反来摆脱束缚。

（2）青春期男孩的叛逆是心理上不成熟的表现。人心理上的成熟滞后于生理上的成熟。在认知的发展中，由于阅历和经验的不足，男孩的认识是不坚定、容易动摇的，对事物和问题的评价很多时候不够全面，会出现偏激、片面、固执甚至极端化，把家长、教师的劝说、指点、提醒和督促都看成是不理解、不尊重的管教与约束，在好奇心的驱使下，做出违背施教者初衷的事情。

## 青春期男孩如何防止和消除逆反心理

（1）把握自我

时常提醒自己，要虚心接受老师、父母的教育，遇事要尽力克制自己。生活中要多和父母、老师沟通，向他们请教，从而体会和理解父母、老师的不易之处，能从心理设身处地的为他们着想。

（2）理解

学着从积极的意义上去理解大人，父母的啰嗦、老师的批评都是善意的，看到他们的出发点是出于对自己的关心。老师、父母也是人，也有正常人的喜怒哀乐，也会犯错误，也会误解人，当自己被他们误解时，要抱着宽容的态度去理解他们，要冷静下来认真思考，看看是不是自己真的有什么不妥之处。

（3）学会适应

男孩要提高心理上的适应能力，如多参加课外活动，在活动中发展兴趣，展现自我价值，对自己有更高评价，从而消除逆反心理。

# 青春痘，我的最痛！

青春痘是青春的象征，是走过青春的痕迹。但“面子”上的问题更是不容忽视，男孩面对“黄金地带”的“小蒙古包”变的毫不留情起来，在“只要青春不要痘”这个响亮广告语的号召下，纷纷开始“不择手段”，面对脸上越来越多的痘痘，才明白“手下留情”才是最终的选择。

前几天脸上痒痒的，赵浩也没在意。今天早起后，赵浩感觉脸上痒的厉害，就找来了一面镜子，不看还好，一看把赵浩吓了一跳：脸上出现了十几颗淡淡的红痘痘。

赵浩心里有一种不祥的预兆，突然想起昨天同班的王彦峰阴阳怪气的话：“小浩，你好青春啊！”听了此话的赵浩还为此高兴了一阵呢，敢情他在笑自己长“青春痘”了。

“痘痘啊痘痘，你哪儿不好长，为什么长在我最引人注目的地方，破坏了我的光辉形象呢？”赵浩看着镜子中满脸痘痘的自己轻声说道。

怎么办？除掉呗！不爱看电视广告的赵浩也开始关注那些医药美容广告——除痘大战打响了！

“除痘除痘，一除就灵。”于是，赵浩用了“除痘灵”——不灵，赵浩脸上的小痘痘岿然不动;“‘伊痘净’，痘痘一用就干净。”于是，赵浩用了“伊痘净”——不净，赵浩脸上的痘痘反而更猖狂了……

在使用了各种祛痘方法都无效的赵浩，只能向妈妈求助。妈妈连忙带他去医院。医生说是内分泌失调，给他配了好几百块钱的药：有吃的，有洗的，有敷的……“小痘痘”生气了，弄得自己整张脸像关公似的，我真的没脸见人了！

那天，赵浩刚到学校，无意中听到班里的两个女生小声谈论到：“赵浩这些天看上去情绪很低落。”“当然喽，原来他脸上白白净净的，现在……”

赵浩听了之后，心怦怦跳个不停，连忙离开教室到操场去兜了一圈。

## 爸爸对你说的悄悄话

看着脸上的青春痘，不爱看电视的赵浩开始关注电视上铺天盖地的祛痘广告，多次祛痘无效的情况下，在妈妈的帮助下来到了医院。其实青春痘的出现是多种原因造成的，是青春期的一种生理现象，一味采用电视上的祛痘霜、祛痘净，不但不能去除，而且还可能给自己带来其他的伤害，长痘的青春期男孩一定要慎用。

## 延伸阅读

### 青春痘产生的原因

(1) 饮食因素。青春痘与饮食有很大的关系。随着生活水平的提高，日常的饮食结构发生了很大的变化，动物脂肪、蛋白质的比例明显增高。由于动物脂肪、油炸食品等食物会促进皮脂腺旺盛地分泌皮脂，促使青春痘生长及恶化。

(2) 生活因素。经常熬夜容易诱发青春痘。因为睡得不好，人的皮肤油脂会分泌得更多，因而青春痘也长得更多。

(3) 环境因素。空气污染、水污染都可能造成青春痘。随着汽车的普及，汽车尾气的污染不断加剧，造成空气中的污染元素增加。电脑静电也会造成空气中悬浮物附着在人的皮肤上，在人的面部造成痤疮。

（4）心理因素。学习压力过大，心理上经常处于紧张的状态，烦躁的情绪也会使油脂分泌增加，青春痘会因此长得更多。

（5）内分泌激素水平。不良的生活习惯、学习压力过大，都会影响内分泌激素水平，从而造成痤疮。

## 青春痘的防护

（1）不要常常洗脸。常常洗脸，反而会刺激皮脂腺分泌油脂。

（2）不要吸烟。香烟中的尼古丁会收缩微血管管壁，使血液和淋巴中的毒素堆积，皮肤细胞的复氧率降低，因而使皮肤的愈合能力减弱，易于形成痤疮伤口的交叉感染。

（3）千万别抠、挤、挑青春痘。青春痘也有自己的生长周期，时辰到了，它自然会消失。如果用手或工具去挤压，非但于事无补，反而会因手上的细菌而造成二次感染，或因挤压的力道，造成皮下瘀血，留下必须4—6个星期才会消失的瘢痕。此外，因抠挤而造成的伤口，经一再的刺激、皮肤增生的结果，形成隆起的疤痕。

（4）少吃辛辣、刺激性食物。油炸、高热量的食物虽不会直接造成青春痘的形成，但是却会“恶化”青春痘的状况，因为这些食物会增加心脏的负荷能力，使血液中的维生素K的品质降低，间接诱发了青春痘的形成。

## 水果法去除青春痘

（1）木瓜和牛奶敷脸：用搅拌机将木瓜打碎，和牛奶搅拌均匀，敷在脸上，二十分钟左右洗掉。坚持一个星期，会有不错的效果。

（2）西红柿汁：每日喝1杯西红柿汁或经常吃西红柿，对治疗青春痘有很好的效果。因为西红柿中含丰富的维生素C，而维生素C可抑制皮肤内酪氨酸酶的活性，有效减少黑色素的形成，从而使面部的痘印消退。

（3）柠檬冰糖汁：将柠檬搅汁，加冰糖适量饮用。柠檬中含有丰富的维生素

C，此外还含有钙、磷、铁和维生素 B 等。常饮柠檬汁，不仅可以防止皮肤血管老化，消除面部色素斑，而且还具有防治动脉硬化的作用。

## 怎样预防青春痘

（1）正确洗脸

正确方法的洗脸，既可去除多余的油脂，又可维持皮肤的光滑洁净。正确的洗脸方法：用冷水冲过皮肤后，将洗面乳或肥皂放在手掌上揉搓，形成泡沫后往脸上轻轻地抹一下，就赶快以冷水冲洗掉。切记不要过度按摩脸皮，肥皂或洗面乳的选择以中性温和为宜。

（2）睡眠要充足

睡眠不足，会导致油脂分泌增多，因而青春痘也长得更多。所以不要熬夜，要保证充足睡眠。

（3）心情要放松

紧张、烦躁同样会使油脂分泌增加，所以要保持心情的愉快舒畅，才会降低青春痘生长的可能性。

（4）饮食要均衡

日常饮食要注意营养的均衡，既可以保持身体生长发育的需要，也不可过度摄入高脂肪、高热量的食物。刺激体内皮脂的分泌，诱发青春痘的形成。

## 矮冬瓜，超讨厌的三个字！

高大魁梧是很多男孩向往的身材，但生活总是不尽如人意，“矮冬瓜”“小矮个儿”常从周围的人口中冒出，于是很多错过人生第一生长高峰的矮个子男孩，把自己长高的希望寄托在了人生第二个生长期——青春期。青春期是男孩长高的关键时期，也是长高的末班车。因此，那些身材矮小的男孩一定要好好把握，争取实现成功跳跃。

今年15岁的杜致远由于成绩优异，被市里的重点高中录取了。父母高兴之余，希望在家里摆几桌酒席，让亲朋好友都过来玩一天。

那天，家里来了很多亲戚。大家玩得高兴的时候，微醉的三表叔突然说：“致远真是好样的，但是不能把所有的精力都用在学习上，也应该把身高往高处拔一拔。”说着无心听者有意。表叔的一句话，真说到了致远的痛处。

想想自己都15岁了，可身高才只有158 cm，不要说和班里那些身高马大的男生比了，就是班里的女生都没有几个比自己低的，于是，每次班里排座位，杜致远都被老师安排在第一排的位置。也正是因为自己身材矮小，被班里的很多同学称为“土行孙”。

最让杜致远记忆深刻的一件事，就是上学期发生的“礼服事件”。

上学期学校举行了萨克斯比赛，从小就练习萨克斯的杜致远出色的表演，获得了全校第一名的好成绩。当校长把比赛的礼品，一套燕尾服穿在杜致远身上的时候，引来全场的一片哄堂大笑。燕尾服穿到身材矮小的杜致远身上，衣服原有的气质和典雅消失殆尽，袖子长的看不到手，燕尾扫地，说多糗有多糗。

这件事，让杜致远的心里好几天都不舒服，为了避开同学们嘲笑的言语，他只好请了几天病假。

然而今天，自己最高兴的日子里，三表叔却在不经意之间，提到了自己的伤心事，杜致远再也没有心思庆祝了，找了个借口离开了酒席。

## 爸爸对你说的悄悄话

原本高兴的酒席因三表叔的一句话，把杜致远带到了痛苦的回忆中。身材难道不是自己的心里的最痛吗？因为矮小，自己被同学们亲切地称作“土行孙”，因为矮小，在取得的荣誉面前，自己出尽了笑话。青春是美好的，青春是快乐的，但青春也有自己的无奈，也有自己努力所得不到的东西。

## 延伸阅读

### 身高受哪些因素的影响

（1）身高与体育锻炼有关

调查显示，体育锻炼能促使身高的增长。一是体育活动能促进生长激素的分泌，二是体育活动加强了骨细胞的血液供应，有利于提高骺软骨的增殖能力，三是体育活动对骺软骨的增殖有良好的刺激作用。

（2）身高与性成熟早晚有关

青春期男孩身体快速增长发生较早，停止增长也早；发生较晚，停止增长也会较晚。身高长得最快的巅峰时期是青春前期，男孩身体的快速增长期多出现在遗精前一年。

（3）身高与睡眠有关

睡得好长得高。因为控制身高的内分泌激素包括生长素、黄体生成素和性激素在夜晚睡眠时分泌较多。青春期的男孩只有保证充足的睡眠，才能促进身体的快速增高。

（4）身高与饮食有关

青春期是男孩长身体的关键时期，因此身体需要摄入大量的营养成分。只有保证日常饮食的均衡，才能满足身体对各种营养的需求，促进身体的健康成长。

（5）身高与遗传有关

人的身高除受后天因素的制约，还受到遗传因素的影响。人体的最终身高 75% 取决于遗传因素。通常情况下，父母双方身体高大，孩子的也不会矮小；父母身体矮小，孩子很可能个子不会太高。

（6）身高与精神因素有关

不良情绪会影响脑和内分泌系统的功能，从而影响身体的生长发育。

## 青春期男孩科学增高的方法——运动

科学地运动能使青春期男孩身高增长 4 ~ 10 cm，并且体态更优美。青春期男孩应根据自己的兴趣爱好，选择方便易行和易于坚持的运动种类。

弹跳运动。人体的高矮主要由下肢骨骼长短决定，跳绳、蛙跳、纵跳摸高等弹跳运动，可使下肢得到节律性的压力，充足的血液供应更可以促进骨骼的快速生长。弹跳运动以每天 1 ~ 3 次，每次 5 ~ 10 分钟为宜。

有氧运动。游泳、滑冰、慢跑、骑车、快步行走、球类运动等有氧运动，通过大肌群参与有节律的反复运动，加速血液循环，促进新陈代谢和生长激素分泌。有氧运动最好每周 3 ~ 5 次，每次 30 ~ 60 分钟，每天不超过 2 小时，可分 2 ~ 3 次进行。

伸展运动。引体向上、踢腿、压腿、韵律操、太极拳、芭蕾练习等伸展运动，可增加柔韧性，使身体变得更加轻松和灵活。配合前两种运动，每周进行 3 ~ 5 次。

## 青春期男孩怎样避免体相意识障碍

（1）调整认知，不要总盯着自己身体的缺陷不放。身材矮小的男孩可以采取换位思考的方式，便会出现“柳暗花明”。当无法改变现实的时候，改变想法就能改变情绪。

（2）接受不完美自己。对于不能改变的事物，与其捶胸顿足、怨天尤人，不如保持平和的心态，对自己没有能力改变的事情安然接纳。这不是消极的宿命，而是积极的达观和智慧。当我们承认自己的不完美，也接纳自己的不完美，坦然面对自己的不完美时，也会对他人的多样性有了更多的包容和欣赏。

（3）运用补偿心理，超越自卑。补偿心理是一种心理适应机制。即一个人在适应社会的过程中总会有这样那样的偏差和困惑，需要从其他方面获得出路、寻求补偿。自卑感越强的人，寻找心理补偿的愿望就越大。为了补偿自身的生理缺陷，所以要发展自己的特长、优势，在其他方面超过别人。

## 我真的这么让人讨厌?

自卑是成功路上的绊脚石。有自卑心理的男孩不敢与别人的目光接触，不敢大声发表自己的意见看法；有自卑心理的男孩，喜欢独自一人坐在不显眼的角落里，独自品味孤独的痛苦。

貌不出众、语不惊人的张志刚是班上若有似无的角色。平时班里的活动，他很少参加，即使大家在庆祝什么的时候，他也只是默默地坐在只属于自己的那个角落里，用眼里的余光轻轻地看一眼欢快的同学们。

长期的独处，让张志刚开始产生了莫名的自卑感。看着其他同学高大的身材，英俊的脸庞，张志刚恨自己为什么长的这样“萎缩”，一副见不得人的外形；每次考完试，张志刚恨不得找个地洞钻进去，看着别人九十多分的成绩，他总觉得自己什么都不会，自己一无是处。由于没有潇洒的外表、优异的成绩，再加上不爱说话，每次张志刚和班里的同学打招呼，他们都好像没有听见，即使有同学回答他的问话，也是一副爱搭不理的样子，在张志刚的心里，班里的同学都很讨厌他，都从心里看不起他。感觉不到班级温暖的张志刚，变得越来越孤独了。

在家里，他从来不把自己的事情跟父母说，每次父母让他做什么，他就默不作声地去做，即使不会做，也不主动去问父母，父母看到他做得不好，就会大声地骂他“蠢猪”“笨驴”“饭桶”。面对父母的大声责骂，早已麻木的张志刚，没有任何反抗的言语，除了自己一个人偷偷地躲在某地流眼泪之外，没有别的办法。好像在父母的眼中，他这个儿子根本就是家里多余的人。从来没有被他们关爱过，他们也从没有看到过自己的优点。

## 爸爸对你说的悄悄话

自卑让张志刚本应阳光的青春蒙上一层挥不去的阴霾。自卑是一种消极、不良的情绪，有自卑心理的男孩做事谨小慎微，不爱说话，他们生活在自己编织的蚕茧里，远离了外边五彩缤纷的世界。青春期的男孩请走出自己的小天地，挺起胸膛，坚信自己是最棒的，走出自卑的阴影。

## 延伸阅读

### 青春期男孩产生自卑的原因

自卑感是青春期常见的心理障碍之一。青春期男孩产生自卑感的原因是复杂的，带来的危害是消极的。

（1）性格原因

有自卑心理的男孩，容易因一时的失败而灰心丧气。有的男孩易烦躁、焦虑，无法安下心来学习做事，当他们看到成绩优秀、组织能力强的同学时，希望自己也能那样，但性格与能力并不是一下子就能改变的，为此他们常常烦恼、自卑。

（2）生理原因

一个人相貌、身材、肤色等，都可能导致自卑感的产生。青春期的男孩常常因为自己身材不够高大、魁梧而感到自卑。至于那些有先天性生理缺陷的男孩，存在自卑感的现象就更普遍了。

（3）生活原因

有的男孩因为家庭经济条件差感到自己不如他人；有的因自己家住农村而从不在别人面前谈论自己家庭情况；有的因为父母职业问题而感到自卑；有的因自己没考上重点学校或不是重点班的学生而感到低人几等。

（4）成人的贬低性评价

父母是孩子第一任老师，而老师又是学生心目中的权威，因此，父母与教师对孩子的评价会对孩子产生巨大的影响。特别是“太笨”“饭桶”“蠢驴”等贬低性的评价，可能严重挫伤孩子的自尊心，使他产生自卑感。

（5）不能正确认识和评价自己

有的男孩缺乏自信，对自我认识不足，低估自己。当因某种能力与缺陷受到周围人的轻视、嘲笑或侮辱，这种自卑感会大大加强，甚至以畸形的形式表现出来。

## 自卑感带给青春期男孩的危害

自卑感一旦产生，就会渐渐地蔓延、扩散，导致错误的心理定势的产生，引发出人际关系障碍和许多行为上的困扰，妨碍学习、生活和人际交往的正常进行。自卑感还会带来一系列消极的影响。

自卑感打击了男孩的上进心、自尊心，使其变得胆小怯懦、不敢表现自己，看不到自己的优点和长处，阻碍了自己奋斗、上进的动力，导致男孩不能正确地认识、评价自己和周围的事物。不良的心理定势一旦形成了，就会造成一种障碍，影响人们对事物的认识，产生消极的影响。例如，有的男孩因为自己牙齿长得难看，不敢当众讲话，即使讲话也好像周围的每一个人都在用蔑视的眼光看着他；成绩不好的男孩，在老师公布考试成绩的时候，总是低着头，恨不得找个地缝赶快钻进去，甚至出现全身发抖的情况。自卑感使自卑者形成一种近乎病态的敏感。

## 男孩如何克服自卑心理

自卑感会给人带来极大的危害，会毁掉人的自尊心、自信心，泯灭了人的进取精神，也只有走出自卑这块“沼泽地”，青春期才能充满阳光、雨露和花香。那么，处于青春期的男孩怎样克服自卑心理呢?

（1）全面、正确地认识、评价自己。不仅要如实地看到自己的短处，更要恰如其分地肯定自己的长处，且不可因自己的某一点或某一方面不如人就全盘否定自己。不要轻视自己、低估自己，看到比自己优秀的人，要向其学习，要通过自己的努力赶上或超过他们，而不要认为自己不如别人、无法赶上别人，否定自己的能力。

（2）增强自信心，进行积极的自我暗示。为了增强自信心，可以有意识地、实事求是地分析一下自己，把自己的优点和长处列成表，经常用“我也能！”“我行！”“不信，做给你看！”等积极、奋进的语言给自己打气。恰到好处地自我暗示，就是在自己的心田上播种自信，消除自卑的莠草。

（3）多参加社会实践，积累生活经验。丰富的社会实践有助于男孩形成乐观开朗、坚强不屈的性格，培养豁达的人生态度，从而能对失败与“不幸”泰然处之。

# 对面的胖哥看过来！

正值青春期的男孩风华正茂，正是追求潇洒的年龄。但是每次看到自己臃肿的身材，他们的烦恼就不请自来，他们讨厌别人用那种“欣赏”的目光看自己，因此，肥胖就成了他们一个大大的烦恼。过度肥胖不仅影响男孩的身体健康，甚至面对别人的嘲笑，他们会陷入了自卑的泥潭。

“嘿，彭胖子，你好！”每当走进校园的时候，彭凯宇总能听到这样的招呼声。不了解内情的人还以为是欢迎学校的明星呢，其实由于肥胖，使学校里的很多人都认识了彭凯宇。

个子高大、虎背熊腰的彭凯宇，要是生在一千多年前，一定是个冲锋陷阵的好手，可是现在的潮流是“骨感”。无奈之下，彭凯宇也只能感叹生不逢时。

有一次课后，彭凯宇和几个同学一起打篮球。正玩到兴头上，班上有名的多嘴婆王萍过来了，看着脚踩在球上的彭凯宇说：“这球的质量一定顶呱呱。”大家一听都愣住了，忙问他为什么这样说。“你们看，就彭胖子那个身手，这样踩上去球都没爆，你说球的质量能不好吗？”哈哈哈……在大家的哄笑声中，彭凯宇把球狠狠地一踢，气冲冲地跑了。

生活中，彭凯宇不仅仅常被同学们当笑料，自己活动起来也觉得不方便。

有一次上体育课，老师让大家跑 200 米。彭凯宇和其他三个同学一起站在起跑线上，老师喊出“预备，跑”的时候，其他三个同学都冲出一大截了，而彭凯宇才刚起步。135 斤的体重，无论多努力，彭凯宇都跑不快。结果也可想而知了，人家跑到终点的时候，彭凯宇还差个七八十米啊。看着同学们对自己的指指点点，彭凯宇真的感到无地自容。

胖不仅在学校里给彭凯宇带来烦恼，在生活上也无时无刻困扰着他。按照家乡的风俗，每逢过年的时候，家里的孩子都要添置一些新衣服的。由于太胖了，彭凯宇在成衣店里根本找不到适合自己身材的尺码。没办法，在其他同龄人穿着新衣服，在外欢天喜地庆祝新年的时候，彭凯宇只能躲在家里。

## 爸爸对你说的悄悄话

由于肥胖，彭凯宇成了参加体育活动时大家取笑的对象，也给他的生活带了烦恼。近几年随着人们生活水平的提高，青春期男孩的肥胖比例在不断上升。由于肥胖，他们受到周围同学的嘲笑；由于肥胖，他们的生活失去了应有的快乐和阳光。他们也希望摆脱“胖哥”的称呼，走出肥胖的阴影。

## 延伸阅读

### 造成青春期男孩肥胖的原因

（1）饮食因素：过量的食物摄入、不合理的饮食结构，多数肥胖男孩喜食高热量、高脂肪的食品，对蔬菜、水果等有益健康的食品无兴趣。

（2）运动量少：不喜欢体育运动，运动时间短，体育活动不达标，主要表现为懒惰、贪睡、怕动等，也有的男孩因学习负担繁重得不到及时运动，久而久之出现肥胖。

（3）遗传因素：父母肥胖或父母一方肥胖。

## 肥胖对青春期男孩的危害

随着生活水平的提高，人们日常的饮食变得越来越丰富。而我国独生子女政策的实行，让很多孩子成了家里的心肝宝贝。于是父母把所有的精力都放到孩子身上，为了让他们健康成长，总是不断增加各种营养，以至于青少年肥胖患者越来越多。但肥胖带给青少年的危害却是巨大的。

（1）身体方面

①肥胖青少年的胆固醇和脂肪酸过高，血脂也高，免疫系统受到抑制，抗病能力较差，易患呼吸道感染，还容易导致高血压、糖尿病、脂肪肝、冠心病等“成年疾病”年轻化。

②肥胖导致青少年体重增加，大量脂肪堆积体内，增加了机体负担和耗氧量，致使他们身体笨重，行动迟缓，活动能力差，甚至出现膝内弯、下肢弯曲、脊柱和椎间软骨损害等症状。

③肥胖导致青少年存在性发育障碍。男孩多表现为性发育滞后。

（2）心理方面

①影响智力发展

食物中的苯丙氨酸过多，常引起氨基酶的不足，从而使大量氨基酸堆积在脑细胞中，形成“脂肪脑”，致使智力落后于同龄人。肥胖导致男孩体内脂肪过多，耗氧量比同龄正常人高出30%～40%，体内氧气“入不敷出”，表现出易疲劳、嗜睡、精神不集中，影响学习效率致使成绩下降。

②影响心理健康

很多肥胖男孩由于动作不灵活，在上体育课或参加活动时，成为其他人取笑的对象，从而导致自卑心理。学习成绩不及别人，再加上笨手笨脚，致使性格孤僻。如此以往有些肥胖男孩形成不愿与人交往的“自闭症”。

## 饮食减肥法

（1）少吃多餐。改变传统的三餐制模式。一日可 5 ~ 6 餐，避免血糖骤升而使脂肪积蓄。

（2）晚餐少食。早餐多可使热量在新陈代谢旺盛的上午耗掉，晚餐少可以避免在活动少、代谢慢的晚间使脂肪积聚体内。

（3）忌不食早餐。日本相扑队员空腹锻炼，中午大吃而增重。所以切忌不食早餐，中餐猛吃的做法。

（4）不吃或少吃零食。食物只在进正餐时吃，饭后立即刷牙，限制进食机会。

## 男孩如何预防肥胖

### （1）提高认识

充分认识肥胖对自己身体和心理的危害，了解各年龄阶段易发胖的原因及预防方法。

### （2）饮食清淡

采取合理的饮食营养方法，饮食要定时定量。餐前可先吃水果和汤类，要少吃主食、甜食和脂肪含量高的食物，多吃蔬菜、水果等食物。

### （3）加强运动

经常参加慢跑、爬山、打拳等户外活动，既能增强体质，使体形健美，又能预防肥胖的发生。

### （4）生活规律

养成良好的生活习惯，每餐不要太饱，不要熬夜，保证睡眠充足。

### （5）心情舒畅

心态平和、情绪稳定能使体内各系统的生理功能保持正常运行，对预防肥胖有一定的作用。

# 我怎么成了“刘罗锅”？

随着学习压力的增大，进入青春期的男孩易出现驼背。驼背是一种较为常见的脊柱变形，是胸椎后突所引起的形态改变，主要是由于背部肌肉薄弱、松弛无力所致。通常，患有驼背的男孩除走路脊背不能挺直，长期驼背还可能引起其他病变，因此，要引起注意。

读初二的姜伟已经有四年的驼背史了。

小时候的姜伟背总是挺得直直的，是大家学习的对象。可是，升入五年级后，作业负担加重，他的背就不那么听话，不那么乖乖地直着了。

刚开始，老爸偶尔提醒他：“背直起来。”当时，一门心思都在学习上的姜伟根本没在意爸爸的话，可是这些不在意给他埋下了一个大“祸根”。渐渐的，姜伟的视力也开始下滑，越来越严重的驼背使得他的脖子一直往前伸……

爸爸妈妈当然不希望看到小小年纪的姜伟成了个“小驼背”，他们想尽了各种办法让姜伟的背直起来，如买背背佳，使劲拍姜伟后背……

但父母的苦心并没有收到多好的效果，姜伟的驼背不但没有得到改善，而且变得越来越厉害了。每次只要一坐到桌子前，姜伟的头就不自觉地低的距离桌子仅有几寸的距离。最明显的还是站立的时候，站立起来的姜伟活脱脱一个小老头，一副无精打采的样子。

有调皮的学生，偷偷给姜伟起了一个“老龟先生”的外号。

## 爸爸对你说的悄悄话

引起驼背的原因有很多，其中学业压力的加重是引起青春期男孩产生驼背最为常见的一个原因。在小学五年级就开始驼背的姜伟，在刚刚出现驼背时，父母总是及时帮他纠正，但是并没有收到什么好的效果，姜伟的驼背变的越来越厉害了。对于青春期男孩的驼背，父母一定要引起重视。

## 延伸阅读

### 细谈驼背产生的原因

青春期男孩正处在长身体的关键阶段，驼背也是常有的事。出现驼背是内因和外因共同作用的结果，身体强壮，心态好，抵抗力就好，就不容易驼背；否则，身体弱，抵抗力差，病气侵入轻而易举。对于青春期长身体的男孩来讲，导致驼背的主要原因有以下几种：

（1）骨骼肌肉韧性好导致驼背

青春期男孩的骨骼就好比处在成长阶段的小树一样，韧性好有灵气，随弯就弯，要是不注意保护，很容易长歪了。

（2）学习压力大导致驼背

学习压力大为什么能导致驼背呢？首先，学习压力大会导致自身免疫力差，这是最主要的；其次是心态，由于紧张的学习，使青春期男孩脑子里只有学习，所以平时锻炼的时间少了，就连吃饭上厕所的时候也会想着书本上的事情，导致身体的抵抗力差。

## 矫正驼背贵在坚持

男孩驼背既影响体形健美，又会挤压与脑、脊髓相关的脊神经、脑神经、内脏神经，造成神经障碍，影响心肺及消化系统功能，导致记忆力下降、反应迟钝。因此，要及时对其矫正。

（1）俯卧撑法。两手两脚同时触地，将头、颈和身体撑起。练习时曲肘推臂，身体挺直上下运动不着地，反复 15 ~ 30 次。

（2）贴墙站立法。两脚跟靠拢并齐，两腿夹紧，臀部肌肉收紧，小腹微收，挺胸，两肩稍向后张，两臂自然下垂轻贴身体两侧，脖颈挺直紧贴衣领，下颌微收，头向上顶。每日可贴墙站 1 ~ 2 次，每次不少于 30 分钟。

（3）单杠悬吊法。立于高约 2.5 m 的单杠下，两手与肩同宽抓住杠体使身体自然伸直悬空吊起，然后小幅度上下振摆。每次 1 ~ 2 分钟为宜。

（4）反撑倒立法。距墙 1 m 左右，面墙而立，然后两手与肩同宽在离墙 30 ~ 50 cm 处着地，并将两腿伸直向后翻于墙上，两脚在上，头在下成反弓形。每次坚持 1 ~ 2 分钟为宜。

## 预防驼背重点在青春期

青春期男孩的骨骼有机物成分较多，韧性较好，具有较大的可塑性，因此，青春期是男孩预防驼背的最佳时期。

（1）端正身体的姿势。平时不论站立、行走，胸部自然挺直，两肩向后自然舒展。坐时脊柱挺直。看书写字时头不要过低，更不要趴在桌上。

（2）睡硬板床，以使脊柱在睡眠时保持平直。

（3）加强体育锻炼。认真上好体育课，做好课间操，促进肌肉的发展。

## 运动是预防驼背的好方法

处于青春期的男孩要有良好的坐姿和站姿，有效地防止驼背。否则养成驼背的习惯，再纠正就比较困难了。已经驼背的男孩要及时纠正，尽量让自己挺起胸。

要预防驼背最好的方法就是运动。正值青春期的男孩体格不算健壮，肌肉也不够发达，因此需要加强腰背部肌肉的锻炼，使这部分肌肉健壮而有力，不易于疲劳。散步、跑步、游泳、骑自行车都是很好的运动方式。另外，男孩防止驼背还要在日常饮食中及时补充骨骼所需要的营养，改善骨内循环，以减少运动不足和不良坐姿带来的影响。

# PART 5 漫步青春风雨中

## 烟圈，潇洒的诱惑！

青春期的男孩好奇心重，模仿能力强，看着别人在那里“吞云吐雾”，一副潇洒自在的样子，也就会尝试着开始自己烟民的生活。其实烟不是减轻压力抒发心情的工具，它是一支慢性的毒药，一旦上瘾，可能一辈子也离不开它。男孩要远离香烟、拒绝香烟，为人类共同创造无烟的环境而努力。

16岁的魏哲是一名高一学生。曾经的魏哲是一个品学兼优的学生，写作方面他是班里的佼佼者，他的作文常被语文老师当作范文来讲，同时，他还是学校“新月文学社”的社长。写作能力强的魏哲立志将来要当一名出色的作家。

有一天，在宿舍思索问题的魏哲听同宿舍的同学说吸烟能帮助思考、找到写作的灵感，而且很多大作家都有吸烟的习惯。听到这个让自己振奋的消息之后，酷爱写作的魏哲决定一试。于是在下午放学后，利用出去买日常用品的机会，从外边的烟酒店里买了一盒烟。

为了激发自己写作的灵感，回到宿舍后，魏哲就迫不及待地抽出一支烟吸起来。开始时感觉又苦又辣。但时间一长，慢慢地感到吸烟挺神气，手拿着烟不仅有一种成人感，更像一个大作家。有了抽烟习惯的魏哲把平时的零用钱几乎都用来买香烟。学会抽烟的魏哲在不知不觉中有了好几个“烟朋友”，学校里的几个“老烟枪”都成了他圈子里的人。大家在一起时，你递给我，我递给他，一起吐“烟圈’的日子其乐无穷。自从染上吸烟的恶性，魏哲不但没有找到写作上的灵感，而且不再把精力放到学习上了，学习成绩越来越差。成绩的下滑并没有让魏哲意识到问题的严重性，他反而把爱好转移到香烟上，烟越吸越多，越吸越高档。在父母给的零用钱不能满足需求的情况下，魏哲开始偷家里的钱、同学的钱，以至于发展到在光天化日下抢劫别人的钱包，最终落入法网。

## 爸爸对你说的悄悄话

酷爱写作的魏哲在听信了同学的一句话之后，为了激发自己写作的灵感，开始抽了第一口烟，从此一发不可收，不仅影响了学习，更是走上了犯罪的道路。一支烟毁了一个原本前途美好男孩的一生。这个故事带给我们心痛的同时，更给我们带来深刻的思索。

## 延伸阅读

### 青少年吸烟现状的特点

我国青少年吸烟的现状是严重的。据统计，我国目前 9 ~ 12 岁的小学生约 10% ~ 15% 有吸烟的经历；12 ~ 15 岁的初中生约有 35% 以上的吸烟；16 岁以上的高中生、大学生吸烟者则占 75%。且近几年学生吸烟的情况表现出了以下三个特点：

（1）开始吸烟的年龄越来越小

在对 100 名吸烟的男女学生的调查显示，从小学就开始吸烟的有 40 人，并且他们开始吸烟的平均年龄在 12 岁以下，其中最小的从 6 岁开始就吸过烟了。

（2）比例不断增高

在男孩中，初一班吸烟比例约分四分之一，高一班吸烟比例超过三分之一，职校高二班的吸烟比例达三分之二以上。

（3）少数女学生也吸烟

在青少年中，虽男孩吸烟的比例远远大于女孩，但目前女孩抽烟人数有发展的趋势。

## 男孩吸烟的心理

（1）消遣心理

“饭后一支烟，赛过活神仙”。觉得“好玩”“像个神仙”的心理，使男孩对香烟倍加青睐。

（2）消愁心理

正值青春期的男孩因生活、学业上的双重压力，一旦遇到挫折，失败，多表现为情绪烦躁、自暴自弃、痛苦异常。为了解愁而吸烟，也是少年男孩的另一目的。

（3）成人感的心理

步入青春期的男孩的自我意识迅速增长，开始感觉自己是个“大人”了。这种强烈的成人感和独立感，使他们把吸烟当作成熟的标志，便迫不及待地叼起了烟，以此来追求“大人”风度和派头。

（4）交际心理

香烟被很多男孩看作是与别人交际的重要工具，认为只要递上一支烟，就什么事都好办了。

（5）模仿心理

伴随着成人感的到来，模仿意识出现在男孩的头脑。许多男孩学影视中的人物，模仿他们的吸烟动作，并且自认为是帅、潇洒的表现。

## 男孩吸烟危害大

男孩正处于长身体、学知识的关键时期，吸烟会给其带来严重的后果，从而影响其身心的健康发展。

（1）吸烟对男孩身体发展的影响

处于青春期的男孩的大支气管比较直，烟雾容易进入肺泡，支气管纤毛也容易受到焦油的刺激，从而引起慢性支气管炎。在开始吸烟的头几个星期没有什么明显变化，但随着吸烟烟龄的增长，男孩的呼气量与正常呼气相比少得就越多。吸烟的男孩出现咳嗽、呼吸困难等疾病的可能性比不吸烟的男孩要高很多。

（2）吸烟对男孩心理发展的影响

男孩正处于学习知识、掌握技术的关键时期，吸烟会导致大脑受损、思维迟钝、记忆力减退，成绩必然下降。吸烟的男孩多表现为学习困难、成绩差、对学校持消极态度、情绪郁闷，以及饮酒、偷窃、打架、逃学等其他问题行为。也有的男孩由于吸烟，发展到偷烟、偷钱、偷东西，走上犯罪道路。

## 男孩主动戒烟七法

吸烟对男孩十分有害，因此，应尽早戒除。

（1）将戒烟写在纸上，放在显眼的地方，以便提醒自己或经常阅读。

（2）有抽烟欲望时，想象一些令人作呕的事情。

（3）同朋友打“赌”，保证戒烟。当然最好用自己的烟钱作为“赌注”。

（4）每周换一种牌号的香烟，但新牌号香烟的焦油含量必须低于原牌号香烟的焦油量。

（5）不随身带烟、火柴或打火机，不买整条烟。

（6）经常思考烟雾中的毒素对自己的肺、肾和血管造成的危害及对家庭成员的危害。

（7）患伤风感冒没有吸烟欲望时戒烟。

# 赌博，祸事的开端！

法国有一句谚语说："赌徒的钱包上没有锁"。我们也常说："十赌九输"。这些都说明赌博一无是处。生活中也有很多人因沉迷赌博，失去了应有的人格，导致倾家荡产、家破人亡。男孩一定要远离赌博、远离犯罪，让我们的社会更和谐，家庭更美满，生活更幸福！

刚刚下班的窦建涛接到一个电话，说他侄子小志出事了。

原来是多次参与网络赌博的小志因身陷网络赌博，难还赌债，情急之下，站到自家七楼的窗台上欲轻生。

现在读高三的小志，平日寄宿在学校，只有放假时候才回乡下老家。那么小志怎么会染上赌博的恶习呢？

原来是今年暑假的事情。没什么特别嗜好的小志在放假期间，除了做功课外，大部分时间都是上网。一天他玩斗地主游戏，打算去购买一些分值，结果糊里糊涂地进入了一个赌博的网站。该网站有真人视频和赌博现场，先是试玩，然后真玩，用自己的网上银行结算。第一次玩，小志就赢了六百元。看到来钱如此容易的小志在接下来的几天都泡在这个赌博网站里。但是让他生气的是，不但把第一次赢的钱全都输了，而且输掉的越来越多。小志急了，更加想"把输掉的赢回来"。

没有了赌本的小志，便开始跟同学、朋友借，从几十到几百不等。小志在跟同学借钱时，说好在半个月内还，为了实现承诺。小志只能拿自己的学费和生活费去还债。放假回家的时候，他便跟父亲说，自己刚开学花销超出了预算，把学费花光了。父亲也没有怀疑，马上给了第二次学费。可是第二次的学费和生活费也拿去还债了，还是无法还清。

越陷越深的小志知道自己早就没有能力偿还欠下的赌债，于是他想到了用死来结束这场输到底的游戏。

## 爸爸对你说的悄悄话

乖巧听话的小志因一次偶然的机会开始了自己的网络赌博，从而便深陷其中不能自拔，为了赌博翻本，他欠了朋友同学很多钱，实在没有能力偿还的情况下，他想到用死来结束这场游戏。男孩赌博与违法犯罪、自杀往往联系在一起。翻本无望的男孩有的会用死来结束游戏，有的偷窃、抢劫，走上犯罪的道路。

## 延伸阅读

### 青春期男孩赌博的分类

（1）按赌注的形式，男孩的赌博行为可分为现金赌博、实物赌博和混合赌博三类。

混合赌博是指男孩在赌博时使用现金、实物、劳动等作为赌注的赌博行为。在许多情况下，男孩进行赌博时，往往使用多种赌注。

（2）按赌博地点，男孩进行赌博的地点分校园赌博和校外赌博。

很多男孩处于消遣和娱乐的心理，会利用课间休息、自习课等时间进行赌博，在一些校风涣散、管理松散的学校，有的男孩甚至在课堂上用隐蔽的方式进行，如递条子、打手势等，导致男孩在校园赌博盛行。

由于社会环境的复杂，男孩在校外赌博比校内赌博要复杂、严重得多。男孩校外赌博往往会涉及一些赌博场所，在赌博的过程中会有成年人参加。

（3）按参与成员的稳定性，男孩的赌博活动可分为纠合赌博、结伙赌博、补缺赌博三类。

纠合赌博是指一些男孩临时纠集在一起进行赌博。多是在周围人的暗示和怂恿下发生，通常是一哄而起，一哄而散，是男孩中常见的一种赌博方式。

结伙赌博是指一些男孩结成非正式的群体，进行经常性地赌博活动。结伙赌博的参与者往往是由于家庭背景相似、居住地点比较集中、爱好相同等某种共同的原因聚在一起。

补缺赌博是指在别人赌博过程中，因为缺少赌友，让男孩来“补缺”的赌博现象。参加这种赌博活动的男孩最初可能是被动的，不情愿的，一旦参与的次数增多，就成为赌桌上的“常客”。

## 青春期男孩参与赌博的心理特征

（1）娱乐和消遣心理

正值青春期的很多男孩为了放松身心，陶冶情操，娱性怡情；或求得精神慰藉；或希望尝试在激烈的竞争中获得成功的快感。但发展的结果往往是与开始的消遣娱乐的心理相背离，导致不可收拾的程度。

（2）寻求刺激心理

赌博可以使男孩追求刺激的欲望和好奇心得到满足。它给男孩带来物质和精神的双重刺激，而这种金钱和心理的双重满足又会强化男孩赌徒的心理和行为。

## 青春期男孩赌博的现状

（1）赌博场所和赌博手段多种多样。很多男孩赌博不计场所，三三两两找一个背人的地方就可以赌起来，赌博的手段更是五花八门，除了麻将、扑克等，还有玩烟牌、博金卡、博眼子等。

（2）参加赌博的人数多。在男孩这个特定人群里，不仅有一些差生参加赌博，而且连平时表现好，成绩优异好学生也偷偷地参加赌博。有的男孩在家里大模大样地坐在牌桌前洗牌、打牌。

（3）赌博与违法犯罪联系在一起。很多男孩赌博不但时常引起打架和偷窃事件，而且严生的会酿成伤害、凶杀等犯罪案件。所以，赌博是诱发青春期男孩违法犯罪的一个重要因素。

## 男孩赌博的危害

很多参与赌博的男孩在赌博过程中精神高度紧张，导致出现失眠、精神衰弱、记忆力下降等症状，从而损害心理健康，社会责任感、自尊心严重削弱，走上犯罪道路。

（1）大量浪费学习和休息的时间，使学习受到严重影响，导致成绩下降、落后，甚至留级、退学。

（2）毒害心灵，赌博易使男孩产生好逸恶劳、投机侥幸等不良的心理品质。

（3）赌博易使男孩产生贪欲，导致其人生观、价值观发生扭曲。

（4）发展为“赌棍”或职业赌徒，而且男孩经常参与赌博还会沾上吸烟、饮酒、偷窃、说谎、打架等坏行为。因此，赌博对男孩是有百害无一利的。

# 一醉解千愁！

进入青春期的男孩开始认为喝酒能体现男子汉气魄，是酷与时髦的象征，是成熟的标志。于是他们加入了喝酒的大军中。但是，男孩身体还没有发育成熟，自制力不足，喝起酒来不加节制，往往“烂醉如泥”，甚至染上酒瘾，沉沦其中，经常酗酒，对身体和心理发育危害极大。

今年13岁的邱鹏，是某镇中学初中一年级的学生。一日，邱鹏到离家不远的一家饭店参加同学生日聚会。然而令邱鹏的父母万万没有想到的是，走时还活蹦乱跳的儿子被送回来时竟然已醉得不省人事。

同学们将儿子放到沙发上，还没有躺稳的儿子，突然起身，从嘴里吐出一些酒味浓烈的污物，母亲急忙为儿子清理吐出的污物。但任凭她怎么呼唤，儿子一点儿反应都没有，邱鹏嘴里的污物不断地往外流。不知所措的母亲急忙赶到村诊所请大夫。然而当大夫听了她的描述后，建议立即将孩子送到医院治疗。

当大家把邱鹏送到医院时，他已经停止了心跳呼吸。经过医生近两个小时的奋力抢救，邱鹏始终没能抢救过来。写在邱鹏的诊断病例表上几个字让在场的人都感到惊讶：死亡，急性酒精中毒，窒息，而在邱鹏的死亡报告上，死亡原因也为“酒精中毒、窒息”。

事后，当晚参加生日聚会的几个同学们说，当晚他们一共要了3瓶白酒，一捆啤酒，其中邱鹏喝得最多，大约喝了半瓶白酒外加一瓶啤酒。而邱鹏的母亲说，孩子在家里从来没喝过酒，怎么这次会喝了这么多？如果饭店不给他们提供白酒，自己的儿子可能不会出事。

## 爸爸对你说的悄悄话

13岁的邱鹏在参加朋友聚会时，由于饮酒过度，导致死亡，留下的只是悲痛欲绝的父母。青春期男孩由于身心不成熟，自控力差，在面对聚会等场合时，往往会饮酒来助兴，但是此时一定要注意，不要过度饮酒，防止给自己和家庭带来伤害。

## 延伸阅读

### 男孩喝酒行为的心理原因

步入青春期的男孩出现喝酒行为除了受到家庭、社会等外部因素的影响之外，最主要是由其心理起关键的作用。

（1）对喝酒的危害认识不足：不少男孩对喝酒的危害不以为然，认为："某人喝了一辈子酒，不也身体挺棒的！"因而对喝酒持无所谓态度。

（2）从众心理：男孩意志不坚定，是非观念不明确，当几个伙伴聚在一起喝酒时，即使不想喝，但为了不"搞特殊"只好服从大多数人。

（3）好奇心理：男孩的好奇心强烈，对一些新奇，好玩的事物，总有一种力争弄清怎么回事儿的心理趋势，当他们看到周围人喝酒，觉得好玩，也想试一试。

（4）"大丈夫""成人感"的心理：不少男孩认为，喝酒是男子汉"引以为豪的事情"，再加上步入青春期的他们有一种渴望独立的"成人意识"，常常模仿一些成人的言语行动，于是，为了表示自己有"男子汉的风度"，他们便毫不犹豫的投身到喝酒的潮流中去了。

## 喝酒对男孩的危害

（1）酒精使男孩反应迟钝、记忆力减退。酒精与中枢神经系统有很高的亲和力，长期的酒精刺激可使男孩视力、听力、触觉都变得不如过去灵敏。酒精还对人的大脑皮层有着抑制作用，能影响人的思维和注意力，青春期男孩长期饮酒会导致注意力不集中，昏昏欲睡，从而影响正常的学习和休息。

（2）影响身体健康。酒精是一种麻醉剂，影响中枢神经系统，导致其他疾病的发生。男孩正处于成长发育阶段，身体的各部器官尚不完全成熟，饮酒除了损害身体外，甚至会影响到正常的身体发育。

（3）诱发违法犯罪。青春期男孩没有收入来源，为了喝酒，有的男孩会采取骗、偷、劫等非法手段获取金钱，从而导致违法犯罪。

总之，男孩喝酒不利于身心健康，极易诱发各种伤害事故，导致违法犯罪，有百害无一利。

## 男孩为什么不宜饮酒

酒的主要成分是乙醇，乙醇进入体内可能被氧化成乙醛，乙醛是一种很强的反应性化合物。男孩正处在生长发育的关键时期，饮酒对其身心会产生极大的危害。

（1）男孩的大脑功能还很不完善，神经系统发育尚不成熟，饮酒会使人头晕、头痛、注意力涣散、情绪不稳、记忆力减退等，影响男孩的学习和生活。

（2）男孩的肝脏分化尚不完全，肝组织也较脆弱，酒精对肝脏有直接的毒性作用，饮酒会影响肝脏的正常解毒功能，甚至引发肝脾肿大、酒精性肝硬化。

（3）男孩的食道、胃黏膜细嫩，管壁浅薄，对酒精高度敏感，饮酒会影响胃酸及胃酶分泌，易引发胃炎或胃溃疡。

（4）男孩的生殖器官正处在发育期，饮酒会使生殖器官的正常机能衰退，性成熟的年龄较正常人推迟 2 ~ 3 年，影响正常发育。

（5）男孩的骨骼正处在生长发育阶段，饮酒会使体内矿物质代谢发生显著变化，影响机体钙的吸收和利用，导致骨骼量异常，易引发骨质疏松和骨折。

## 哪个笑脸是魔鬼！

俗话说，“害人之心不可有，防人之心不可无”。在社会上还存在着不法之徒的情况下，“防人之心”是必不可少的。男孩在与陌生人交往的过程中，要多长个心眼，不要被眼前的利益所引诱，要时刻保持警觉，提高自己的防卫机制，不要轻信陌生人的甜言蜜语。

现年18岁的马涛是某县一个贫困山村男孩，高考失利之后，又不忍心让父母再为自己操劳，于是为了给自己的将来一个承诺，他决定南下广州“谋求发展”。

从来没有出过远门的马涛在火车上交了一个陌生的“朋友”。那个“朋友”很是慷慨，把自己带的好吃好喝的一股脑儿放在马涛跟前，让他随便吃，而且还说自己的好几个朋友都在广州当老板，到时可以介绍马涛到他们那里上班。看着这个刚刚认识不久的朋友，马涛觉得自己真是命好，第一次出远门就遇到贵人。

在天快黑的时候，陌生的“朋友”把马涛叫到车厢的连接处，说现在有一个发财的机会，只要马涛替他带一件夹克衫到广州交给一个朋友，便即可获取3万元的报酬。从来没见到3万元钱的马涛当时欣喜不已，根本就顾不上问对方夹克衫里究竟有什么，就满口答应了。

当列车行驶在南宁站时，乘警开始对每位旅客进行安全检查，当查到马涛所在的13号车厢15号上铺时，马涛紧紧捂住的那件价值3万元的夹克衫。此时，细心的乘警觉得马涛很奇怪，就要求对他的那件夹克衫进行查看，很快就从那件夹克衫内层搜出一包用绿色塑料薄膜包装的可疑物。在乘警的进一步查验下，确认为毒品。

## 爸爸对你说的悄悄话

出生于贫困山区的马涛，在3万元的诱惑下，放松了对陌生人的警惕，结果被坏人利用，导致自己在不经意间走上了犯罪道路。社会有美好的地方，当然也有灰暗的一面，那些社会经验缺乏的男孩一定要提高自我保护意识，防止自己无端被犯罪分子利用，给自己带来危害。

## 延伸阅读

### 生活中常见的诈骗行为

生活中总能见到这样的情况，男孩由于轻信别人，给自己的人身带来伤害，给自己的财产带来损失，严重的还会威胁到自己的生命。那么生活中，陌生人的诈骗行为都有哪些呢?

（1）接到陌生人电话，称你的家人在外遇到了车祸，然后以急需用钱为由，要求你将钱汇到指定的银行账户。

（2）手机莫名其妙地接到了中大奖或银行卡在某商场消费透支了的信息。

（3）在路上遇到陌生人把金表、玉石、元宝、金佛等假东西说是真的。

### 校园常见“诈骗”手法

骗子们抓住青少年的心理特点，除了在生活中把他们看作行骗的对象外，还把骗术渗透到了校园这片净土上。校园中常常遇到的诈骗行为有以下四种：

（1）冒充工作人员诈骗。

（2）利用同情心抢手机。

（3）网上购物诈骗案件。

（4）推销产品骗取钱财。

## 保持距离最美

行骗者善于利用人们爱慕虚荣、贪图享乐等心理弱点，通常把自己伪装成有钱有势的人，以诱人的许诺、鲜亮的衣着，借以构成“障眼法”，从而解除人们的心理上的防卫体系，为行骗成功扫清道路。那么，刚刚开始独立的男孩怎样在生活中保护自己，远离陌生人的伤害呢？

### （1）不要以外表来看人

男孩在同他人打交道时，很容易对那些仪表堂堂、有钱有势的人产生好感。而骗子们也恰恰抓住了男孩的这种心理而精心用华美庄重的服装包装自己，借以诱使上当。因此，男孩在同陌生人打交道时，要提高警惕，绝不要被其外表所蒙骗。

### （2）不要相信陌生人的殷勤

殷勤的言行最能打动人，骗子们自然也懂得这一点。于是他们套近乎、献殷勤，以骗取信任和好感，使男孩把他们当成自己人，最终落入圈套。因此，男孩一定要提高警惕，在陌生人的殷勤面前不妨多长一个心眼，对献殷勤者保持一定距离。

### （3）不要相信陌生人的允诺

处于青春期的男孩由于社会阅历和社会经验的不足，很容易对他人的承诺表示感激，产生信赖感。在生活中，对于自己并不了解的人的承诺，男孩要有所警惕。通常，萍水相逢之人张口的承诺是靠不住的，轻信就会上当。

## 男孩怎样预防陌生人的伤害

### （1）摆正心态，不贪便宜

男孩要摆脱贪图享受、吃喝玩乐、追求刺激的心理，不贪图生活中的小恩小惠。因为“吃人家的嘴短，拿人家的手软”，很多男孩都是因为贪图眼前的小利益而上坏人当的。

(2)义正词严，当场制止

当自己受到坏人的侵害时，要当面制止，勇敢地同其斗争，绝不要给坏人软弱可欺的形象。可以大喝一声：“你想干什么？”一方面一起周围人的注意，另一方面从气势上达到震慑坏人的目的。

(3)虚张声势，巧妙周旋

当自己遭遇陌生人侵害时，可故意张扬有自己的亲友或同学已经出现或在附近，以壮声势；或以巧妙的办法拖延时间，稳住对方，等待有利时机逃脱。

(4)心明眼亮．牢记特点

男孩在遇到坏人时，不要慌张、手足无措，应该看清对方的人数，记住他们大致的年龄和身高以及衣着、面目等方面的特征，以便事发之后能更好地协助公安机关破案，将坏人绳之以法。

(5)处于险境，紧急求援

当自己无法摆脱坏人的挑衅、纠缠、侮辱和围困时，可通过呼喊、打电话、递条子等适当办法发出求救信号，以求民警、老师、家长及周围人的救助。

# 面对校园暴力，用法律武器保护自己

校园暴力是一个社会问题，其中牵扯打架、斗殴，而这样的问题并不是还处于青春期的你们所能解决的。你们的行为只会激化双方之间的矛盾，还会将自己的生命置于危险之中。所以，当你们在面对校园暴力的时候，千万不要与之进行正面冲突，你可以直接报告老师，让学校有关负责人来处理相关事宜，或者直接运用法律武器来捍卫自己的权益，使那些制造校园暴力的人受到相应的处罚。

学校中午休息时，大多数同学都待在教室里，有的写作业，有的聊天，有的打闹，有的直接趴在桌子上睡觉。这时，刘聪急匆匆地跑进来，脸上青一块紫一块的，眼里满是愤恨，班上男生都围过去，纷纷问道："怎么了？刘聪？""谁打你了？""这是谁打的？告诉我们，我们替你报仇。"王坤把抽屉里的卫生纸和水递过去，刘聪擦了擦脸上的伤痕，生气地说："高一那帮浑蛋，就是我们经常在厕所遇到的那几个人，打扮怪异，阴阳怪气的。今天我路过操场的时候，正看见他们在一个角落抽烟，我不过是随便看了一眼，那个黄毛小子就叫道'看什么看，过来'，我当时没有理睬他们，没想到他们几个马上丢了烟头，冲过来就把我摁倒在地。"王坤听得心惊胆战，问道："当时就没有人吗？"刘聪没好气地说："中午，大家都在教室，就那几个人，胆小的同学看见打人早就躲起来了。”“咱们放学了找他们去。”夏冰扔下一句话，就出去了。

整个下午，男生们都没有消停，一直谈论着打架的事情，夏冰依靠着自己的关系，还拉拢了不少其他年级的朋友，这给班上男生更增添了信心，大家都觉得刘聪被打实在是太冤枉了，而作为男子汉，理应为了他讨回公道。王坤也觉得很气愤，一想到全班男生为了刘聪打架，就觉得热血沸腾。谁知道，下午放学后，还没有等同学们走出校门，班主任就黑着脸进来了：“听说你们要去打群架？真的假的？”男生们低下头了，班主任说道：“这件事情我会处理的，希望你们到此为止，也希望你们懂得一个道理，当你们在面对校园暴力的时候，需要依靠法律途径解决，而不是以暴制暴。”班主任说完几句话就走了，留下一群呆如木鸡的男生。

## 爸爸对你说的悄悄话

儿子，现在很多暴力事件发生在校园内，爸爸希望你能远离这些事件。你们这个年龄最大的问题是冲动，很多未成年人在实施犯罪行为时只是因为一时冲动，从而搭上了自己的一生，让人扼腕叹息。当然，如果在学校遇到被霸凌，千万不要正面冲突，可以报告老师或直接运用法律武器来捍卫自己的权益，让制造校园暴力者受到相应处罚。

## 延伸阅读

由于青春期孩子们的性格敏感，容易叛逆，所以酿成了不少校园暴力事件。校园暴力也叫作校园欺凌，是发生在同学之间欺负弱小的行为，校园欺凌多发生在中小学。在校园暴力这一过程中，无论是被欺凌者还是欺凌者，他们的心态都会因为这样的行为而受到伤害，进而影响他们的身心健康。可能，有的男孩子也会遇见刘聪这样的情况，无意之中就被高年级的男生给欺负了。而当这件事被班上同学知道时，则会激起男生内心的好胜心理，在他们看来，打群架，为自己的同学讨回公道是一种很讲义气的行为，也是自己作为男子汉应该做的事情。但是，当你在面对校园暴力时，想采取以暴制暴的方式来讨回公道，实际上这是不可行的，也是极为错误的做法。

另外，虽然在校园里你可能遭遇校园暴力，但有时候，你也会不自觉地制造校园暴力。特别是面对比自己年级低、年龄小的男孩子或女孩子，你可能会忍不住在他们面前要起威风来，其实，这也是校园暴力。所以，你也不要成为校园暴力的帮凶，欺凌一些比自己弱小的学生。学校是学习的环境，不是打架、斗殴的地方；你们的任务是学习，而不是打架、制造冲突。所以，你们应该做一个称职的学生，把心思放在学习上，即便自己受到了欺负，也不要冲动，只需要运用法律武器就可以了。

# 不参与“拉帮结派”

有的男孩认为，现在社会上打架的人比较多，而一个人又经常容易被人欺负，不如与同学结成帮派，联合起来，这样就不用怕别人了；还有的男孩则受了古惑仔电影的影响，觉得成立一个帮派，做一个大哥，身边有很多小弟，这是很威风的事情。于是，许多男孩在这种思想的引导下，开始拉帮结派，并单纯地认为这是够哥们儿、讲义气的行为，却浑然不知这已经为自己走上歪路做了铺垫。因为有了帮派，就会多了生事的机会，增加了起冲突的概率，经常是两个帮派之间因为一点小事情就大打出手，进而酿成流血事件。

最近几天，昊昊强烈建议豹豹去看古惑仔电影。于是，豹豹趁着今天没有作业，打开电脑，搜索了起来。很快就搜索到了，在迅雷上分数还挺高，豹豹点开播放。这时爸爸走进来了，看着播放的古惑仔电影，也忍不住找了把椅子坐下，一起欣赏。豹豹有些不解地问：“爸爸，你也喜欢看这个电影？”爸爸点点头，骄傲地说：“是啊，我可是从小看这个电影长大的，每个男生心里都怀揣着一个英雄梦，而古惑仔电影正是承载着每个男生的英雄梦，红遍了大江南北。”豹豹一愣，原来爸爸小时候也是这样过的，他似乎找到了同道中人：“是啊，在我们年级，有好多学生也模仿古惑仔里面的情节，拉帮结派的，好不威风。”“什么？”爸爸一下子从回忆里醒了："现在的学生还在拉帮结派？豹豹，你参加没有？"豹豹摇了摇头说："没有，我觉得那样没有什么意思。"爸爸松了口气："那就好，千万不要参加那些帮派，而且也要告诫你的同学们不要参加，否则的话迟早会出事的。""嗯，我知道了。"豹豹应了一声，和爸爸看起了古惑仔电影。

第二天早上，豹豹还没有走到学校门口，就听许多学生说"前面出事了，打架了"。豹豹加快了脚步，远远地看着昊昊站在人群里，地上还有血迹，豹豹问昊昊："出什么事情了，谁跟谁打架了？"昊昊回过神来，拉着豹豹就走："先走吧，别留在这是非之地，今天我可看见了最真实的古惑仔，太残忍了，我们年级那几个男生与社会上的青年打了起来，没想到对方还带了刀子，那个王小北被刺中了一刀，刚才校长都来过了。"豹豹听了也觉得有些害怕，虽然古惑仔电影里面的场面让人热血沸腾，但就这样真实地出现在眼前，真是让人接受不了。

就在那天，校长就对校内拉帮结派的事情做了处理，对十多位同学也做了相应的处罚。

## 爸爸对你说的悄悄话

正处于青春期的孩子们的心理还没有完全成熟，特别容易在同龄人中拉帮结派，意气用事，酿成群殴事件。其实，同学之间在一起学习和玩耍本来是正常的，也是无可厚非的，但是，如果成群成对地在一起不学习，误入歧途，这就需要注意了。

## 延伸阅读

拉帮结派，实际上已经构成了轻微的犯罪，这是一种非法集会，在学校、社会是不被允许的，也是严令禁止的。所以，作为青少年，千万不能因为意气用事，在同学们之间拉帮结派，称大哥、做小弟，这些所谓的江湖行为实际上很幼稚。你是一个中学生，首要任务就是好好学习，与同学之间组成学习的团队，这是非常好的，可以促进学习，互相监督，但拉帮结派去打架，这就是错误的行为。如果你继续这样的行为，只会在歧途上越走越远，最后成为同学们的反面教材，流落成一个社会上的混混，这无疑是自毁前程。另外，青少年认知能力不够，容易在帮派首领的怂恿下，干出一些无法挽回的事情，甚至做出伤人的行为，使自己后悔莫及。

所以，作为一个青春期的男孩子，需要学会明辨是非，面对来自帮派的“邀请”，千万不要参与其中，否则只会让自己在错误的道路上越走越远，没有回头的机会。

# 遇到尾随要机智应对

在这个复杂的社会，很多坏人把目光盯在了反抗能力弱、自我保护能力差的青少年身上。不可否认，青春期的女孩遇到坏人侵害的概率要高于男孩，但这并不意味着青春期的男孩就不会受到侵害。因此，青春期的孩子一定要注意提高自我保护意识、加强自我保护能力。

暑假的一天，张鹏和几个同学相约去烧烤店聚会，七八个人好几天没见，聚在一起谈论起假期的趣事，好不欢乐，等到结账时才发现已经晚上十点多了。大家散了后，张鹏和几位同学都不同路，只得一个人回家，为了尽早到家，张鹏走了一条平时不经常走的小路。

这条小路非常僻静，路上一个行人都没有，与刚才喧闹的街区相比仿佛两个世界。炎夏的夜晚，走在这条小路上，张鹏竟感到几分寒意。这条小路的路灯灯光很暗，张鹏一个人走在昏黄的路灯下，觉得气氛有些诡异，心中竟有几分害怕，脚下的步伐不自觉地加快了许多。

路上没有什么行人，显得非常安静，张鹏忽然听到身后有脚步声传来，心里暗自高兴，觉得终于有伴了，马上回头看了看，发现不远处有一个身穿黑衣的人，头上还戴着黑帽子。由于光线较暗，张鹏看不清那人的长相。看了他的打扮，张鹏一时间打消了与他结伴而行的想法，继续快步向家中走去。

不对！张鹏敏锐地察觉到，自己的脚步加快之后，身后那个人的脚步也在加快；等自己放慢脚步时，身后那个人也放慢了脚步。张鹏一惊，心想："不会是碰上坏人了吧！"张鹏暗中焦急，不敢再回头去看，生怕引起对方的注意，万一对方不顾一切冲上来，自己必然会很危险。

忽然，张鹏感觉到后方那人的脚步越来越快，似乎已经失去了耐心。张鹏额上冒出了细密的汗珠，知道此时再不跑就来不及了，于是开始奋力狂奔。张鹏跑起来之后，身后那人也跟着跑了起来。张鹏害怕极了，使出了十二分的力气，向着小路的出口奔去。不知跑了多久，终于跑出了那条小路，来到了小区门口，看到熟悉的地方，张鹏松了一口气，才发现身后那个人消失了。跟门口的保安打过招呼后，张鹏快步向家走去……

## 爸爸对你说的悄悄话

当遇到歹徒尾随时，第一时间要选择跑，向人多的地方跑，一边跑一边呼喊，如果四周无人，就跑到附近营业场所求救。如果没来得及跑而歹徒是为了劫财，就要满足歹徒的要求，注意不要激怒歹徒，再找机会脱身。如果对方不想放过你，你就要拿出勇气勇敢地与对方搏斗，争得一线生机，不能任人宰割。

## 延伸阅读

每个孩子都是家中的宝贝，没有谁会希望自己的孩子遇到危险。张鹏的情况属于自我保护意识不够强，大晚上选择僻静的小路，本身就存在极大的安全隐患。在平时的生活中，千万不要掉以轻心，存在侥幸心理，一定要百分百确定自己的安全，不给坏人可乘之机。

家长一定要加强教育，时刻保持警惕，从小教给孩子各类安全常识，注意那些隐藏的危险，学会保护自己；在外面会遇到哪类安全问题，要注意什么。平时灌输给孩子安全知识，让他形成强烈的安全意识，在关键时刻会给他带来帮助，不要等事情发生了才后悔莫及。

另外，家长还要注重培养孩子的自我保护意识。即使家长再细心，也有考虑不到的地方，还会有一些意外让人措手不及。在日常生活中告诉孩子一些保护自己的知识非常有必要。

孩子的安全问题绝不只是孩子自己的问题，既需要从小对孩子进行各类安全知识的教育，又需要家长提高警惕，时刻注意。孩子的安全问题是每个家长的第一要务，也是家长最担心的问题，意外带给孩子的危害无法估量，而且会给家庭带来沉重的打击。

# PART 6 健康最美

## 健康是吃出来的！

男孩进入青春期后，意味着身体进入了一个重要的发育阶段。在这一时期，男孩的身体发育迅速，需要各种营养。而有的男孩有偏食和择食的习惯，造成营养上的不均衡。因此，处于青春期的男孩要养成良好的饮食习惯，保证各类营养素的均衡搭配，日常饮食要多样化，保证身体发育所需。

15 岁的小南是某中学初三的学生。由于家庭条件优越，小南从来都没有受过委屈。进入青春期后，小南的饭量明显大了不少。爱子心切的妈妈，为了让长身体的儿子能够补收充足的营养，是餐餐有肉，这也正合小南的心。因为小南最爱吃肉，即使餐餐有肉，他也从来没有厌烦，但是每餐小南光吃肉就吃饱了，也就不再吃青菜。这样吃了两个月小南从原来的 120 斤一下子涨到了 150 斤。

这下小南可着急了。每次在学校同学们都亲切地称呼自己“胖哥”。最让小南害怕的还是上体育课。课前准备还没有做完，小南就已经气喘吁吁了。那剩下的体育活动就更不用说了，不是一开始就被淘汰，就是没多久自己就感觉呼吸困难，只能在一边看别人在那里做着各种各样的游戏和活动。本来体育课是自己的最爱，可现在只有羡慕的份了。

小南回去把自己的苦恼说给了妈妈听。妈妈也不知道为什么儿子会在短短两个月的时间里一下子长胖了30斤，于是就带着小南来到医院。

医生详细地问了小南妈妈小南近两个月的饮食和生活状况。原来是小南不合理的饮食导致的他身体快速肥胖。医生建议小南在适量参加运动的同时，要养成合理的饮食习惯，青春期是需要营养，却不是只需要肉的营养，而是全面的营养。

## 爸爸对你说的悄悄话

爱子心切的妈妈，为了保证儿子的营养，只是一味地给他吃肉，造成了小南在两个月时间体重骤增30斤，给小南的生活带来不便。青春期是男孩长身体的关键时期，他们对营养的需求也较高。

## 延伸阅读

### 男孩在青春期节食的危害

青春期是男孩生长发育最旺盛的时期，节食会导致营养缺乏，造成极大的危害。

（1）节食会导致各种维生素的摄入不足

人体缺乏维生素A可出现夜盲症；缺乏维生素B时会发生唇炎、舌炎；缺乏C时可导致坏血病；缺乏维生素D可引起骨骼代谢异常，导致身材长不高或骨骼变形。

（2）节食会导致人体所需的热量不足

正值青春期的男孩活动量大，代谢旺盛，机体对营养的需要较多，每日所需要的热量一般不能少于12 552千焦，如果达不到这一标准，就会影响生长发育。

（3）节食会导致蛋白质的摄入不足

蛋白质摄入不足造成负氮平衡，使生长发育迟缓、消瘦，抵抗力下降，还会影响他们智力的发育。

## 变声期男孩的饮食

男孩一般在 14 ~ 16 岁左右进入变声期。这个时期他们喉头、声带处于生长发育阶段，加强对嗓子的保护尤为重要。变声期男孩保养嗓子，除了注意科学合理地使用嗓子，避免过度疲劳外，饮食也至为重要。

（1）适宜多吃富含维生素 B 和钙质的食物。芹菜、番茄、蛋类、豆类等富含维生素 B 的食物可以促进身体的发育，鱼虾、牛奶、豆制品等富含钙质食物可促进甲状软骨的发育。

（2）变声期的男孩不适宜硬且干燥的食物，避免对喉咙造成机械性损伤。

（3）适宜多吃富含胶原蛋白和弹性蛋白的食物。发音器官主要由喉头、喉结和甲状软骨组成，而这些器官又由胶蛋白质和弹性蛋白质构成的。因此，变声期的男孩应多吃蹄筋、鱼类等富含胶原蛋白和弹性蛋白质的食物。

（4）少刺激性食物，如大蒜、辣椒、韭菜等食物，会刺激气管、喉头与声带。

（5）细嚼慢咽。进食时要细嚼慢咽，谨防食物中异物刺伤咽喉部的组织。

## 青春期男孩的饮食注意

（1）应多吃胡萝卜、菠菜、动物内脏、瘦肉、乳类、蛋类、蔬菜等含有维生素 A 和维生素 B 的食物。

（2）要注意饮食均衡，少吃肥肉、奶油、辣椒、浓茶、鱼油等油腻刺激性食物。

（3）多饮水，水可以保护皮肤滋润，促进体内废物的排泄。

# 邋遢不是酷的表现！

同样是穿衣，有的男孩衣服穿的大方整洁，给人清新愉悦之感，有的男孩就穿的邋里邋遢、衣衫不整，让人一看就不愿靠近。青春期的男孩学会穿衣，让自己懂得穿衣的技巧和知识，学会在穿衣中扬长避短，穿出青春活力。

15 岁的朱亮是一个不修边幅的男孩，因为在他心里，感觉不修边幅是一种酷的象征，很多电视和影视作品的那些武功盖世、阔少爷不都是这种形象吗？穿的另类，才能在众多人中，让自己别具一格，格外显眼。

他穿的衣服不是这里缺个扣子，就是那里多个窟窿，每次老师让他把自己的形象整理一下，他总是满不在乎的样子，还说这是我的风格，这是个性。为了显出自己的与众不同，他可以让自己的头发三个月不理，有时头发长的都可以盖住眼睛了，他不但不感觉到别扭，反而觉得很帅，老师也曾经多次找他谈话，但他都一概不闻。

这件事惊动了校长，校长把朱亮叫进了办公室。校长看到眼前的这个学生并不生气，他知道青春期的男孩都喜欢模仿自己喜欢的偶像。于是让朱亮坐在自己旁边，他告诉朱亮，虽然每个人都自己的穿衣风格，但是作为学生也必须遵守学生最基本的穿衣礼仪。像朱亮这样穿衣根本不是帅，更不是酷和时髦的表现，而是不符合学生的穿衣礼仪，不修边幅、衣衫不整都不是一个学生应有的穿衣标准，他真心地希望朱亮能改掉自己生活邋遢的习惯。

在校长的认真开导下，朱亮认识到自己的错误，一改自己的邋遢形象。

## 爸爸对你说的悄悄话

穿衣谁都会，但是要穿出活力、穿出健康，就没那么简单了，需要注意很多穿衣方面的细节和技巧，比如，颜色款式的搭配，上衣和裤子、鞋子的搭配……朱亮由于一味地模仿影视中自己偶像的穿衣打扮，感觉邋遢、不修边幅就是酷，就是帅，影响了自己的外在形象。最后在校长的帮助下，认识到自己的错误，一改过去的穿衣风格。

## 延伸阅读

### 偏胖男孩的服饰选购技巧

胖是活力四射的青春期男孩最烦恼的事情之一。因为胖，他们活动不便；因为胖，他们买不到适合自己的衣服。事实上身材胖的男孩如果掌握了穿衣要领，也会穿出另一番景致。

（1）应选择柔软而挺括的面料，忌太厚或太薄的料子。厚料会让人看起来更胖，太薄又会让自己肥胖的体型显露无疑。

（2）色彩上，应选择深色，因深色有收缩感，会使人显得削瘦。

（3）胖人一般有脸盆大、颈粗短的特点，而穿窄小领口和领型的衣服会使脸型显得更大，因此，胖男孩应选择宽敞的开门式领型。而船型领有使肩膀看来较宽的作用，能与肥大的下半身成协调平衡的视觉效果。

（4）皮包肩带的长度不要刚好落在臀部的最宽大处，这种会使本来肥大的臀部显得更大。

## 穿牛仔裤的危害

青春期的男孩，朝气蓬勃，喜欢运动，而牛仔裤也以其独特的优势备受男孩的喜爱。可男孩穿牛仔裤会对自己的身体健康造成不良的影响。

（1）牛仔裤透气性差，男孩若长期穿牛仔裤，会压迫腰腿神经，特别是经常躬身曲背学习的男孩，更不应穿牛仔裤。

（2）牛仔裤厚实、紧身、缺乏弹性，加上男孩活动量大，特别易出汗，如果汗液得不到及时的散发，极易使细菌生长繁殖。

（3）经常穿牛仔裤还可能影响男孩生殖器官的正常发育。进入青春发育期后，男孩阴茎和睾丸会迅速生长，过于压迫，不仅会妨碍其正常生长，还会因压迫而出现其他病变。

青春靓丽是青春最大的本色，因此男孩在选择衣服时特别是下衣和内裤要适当宽松一些，这样才有利于身体的健康和发育，不一定只穿牛仔裤才显得青春。

# 生命在于运动！

“生命在于运动”是一句耳熟能详的至理名言。生命对于每个人都是宝贵的，也是脆弱的。珍惜生命，自然离不开运动。运动不仅锻炼了身体，增强了体质，还让生命充满阳光。青春期是男孩长身体的黄金时期，要多参加体育锻炼，走出去，拥抱自然，追寻内心的力量源泉！

从小就喜欢运动的钱军，从懂事的那一天起，就知道自己好动，一玩起来就停不下来，也因为如此，周围的人都称他“将来的奥运冠军”。

钱军喜欢很多体育运动项目，如游泳、跑步、打球、骑车、跳绳、体操等。其实对于钱军自己来说，能不能成为奥运冠军并不重要，主要是自己在运动中得到了快乐和满足。

作为一名初三的学生，钱军在完成学习任务的情况下，大部分时间都在操场上打篮球、踢足球，他犹如一匹矫健的骏马，时而飞奔，时而跳跃，时而欢呼。

把除了学习之外的大部分时间都用到了有益身体的活动上，他没有其他同学自卑、恋爱的烦恼。整天都是一副乐呵呵的样子。

## 爸爸对你说的悄悄话

喜爱体育运动的钱军由于经常参加体育活动，强健了自己的身体，增强了抵抗力，而且活动还让他远离了自卑、恋爱的烦恼。作为祖国未来接班人的青少年，要在生活中多参加体育锻炼，增强体质，克服不良的心理，让运动伴随着自己成长的每一天。

## 延伸阅读

### 运动前要怎样做准备活动

（1）有针对性地做准备活动。如果要参加的体育活动是关于跑的项目，那么准备活动就应该是下蹲、摆腿、高抬腿跑、支撑后蹬跑等可以充分舒展、活动下肢的活动；如果要参加的体育活动是铅球，准备活动可以做原地推铅球的模仿练习，从而掌握球的手型和用力得正确顺序。

（2）注意准备活动的时效性。准备活动是为当前要参加的体育运动服务的。因此，要从眼前体育活动的实际出发，然后根据自己的水平、季节的不同、运动量的大小来做准备活动。

### 体育安全注意事项

（1）在进行投铅球、铁饼、标枪等投掷训练时，一定要遵照老师的口令进行，做到令行禁止。

（2）在做跳马、跳箱等跨跃训练时，器械前要有跳板，器械后要有保护垫，同时要有老师和同学在器械旁站立保护。

（3）在进行单、双杠和跳高训练时，器械下面必须准备好厚度符合标准要求的垫子。做单、双杠动作时，要采取各种有效的方法，使双手握杠时不打滑，避免从杠上摔下来。

（4）跳远时，必须严格按要求：助跑、起跳。起跳时前脚要踏中起跳板，起跳后要落入沙坑之中。

（5）短跑等项目要按照规定的跑道进行，不能串跑道。

（6）参加俯卧撑、前后滚翻、仰卧起坐等垫上运动的项目时，要严肃认真，不打闹，以免发生扭伤。

（7）参加篮球、足球等项目的训练时，要学会保护自己，避免在争抢中蛮干而弄伤自己和他人。

## 男孩多参加体育活动的好处

“生命在于运动”。体育锻炼是促进男孩身心发育和增强体质的最重要方法之一。青春期的男孩多参加体育锻炼对他们身体的影响是多方面的，对身体各部分也会起到暂时和长远的作用。

（1）促进心肺功能发育。男孩经常参加体育锻炼，可以使心输出量增加，人安静时每搏心输出量约为 50 ~ 80 ml，而运动时可使增加 3 ~ 5 倍；运动又可使男孩的心脏容积增大，一般人的心脏容积约 750 ~ 800 ml，而经常参加体育锻炼的男孩的心脏容积可达 1000 ml；同时，经常参加体育锻炼可使男孩的冠状动脉得到扩张，减少血脂类代谢物质在血管壁的沉积，对预防动脉粥样硬化、高血压、冠心病等成人病非常有益。此外，经常参加体育锻炼，还可使男孩呼吸肌发达，肺活量增加，提高机体供氧能力，大大减少上呼吸道病患的发生。

（2）促进身体发育。正值青春期的男孩处在长身体的黄金时期，经常参加体育锻炼增强男孩体内新陈代谢速度，从而促进身体快速成长。研究表明，经常参加体育锻炼的男孩的身高、体重、胸围等指标的增幅要明显高于不参加体育锻炼者。

（3）促进神经肌肉发育。男孩经常参加体育锻炼可以使自己的神经细胞获得更充足的葡萄糖和氧气供应，保证在紧张的脑力劳动中大脑仍旧可以获得充分的营养，提高学习效率。经常参加体育锻炼，可使肌肉获得更多的营养，有助肌纤维增长变粗，肌肉弹性、肌力和耐力都得到增强。经常参加体育锻炼还是一种运动性的休息，能把因疲劳而降低的视觉、听觉提高30%，使男孩学习起来精神更饱满，思维更敏捷。

# 青春期，性病别捣蛋！

处于青春期的男孩由于社会经验和生活阅历少，对性病更是缺乏必要的认识，于是有可能在不经意之间感染性病，从此自己的生活陷入痛苦的深渊。

出生于贫困山区的张尔俊从小就是一个听话的孩子，看着每天在地里辛苦劳作的父母，他立志一定要通过自己的努力，让父母将来过上好日子。

在课上他认真听讲，积极回答老师的提问；在平时的生活中，他从来不和那些家庭条件优越的孩子比吃比穿，即使嘲笑和挖苦，他也从心里对自己说：我的贫穷是暂时的，将来我一定比你们都过得好。

也就是在这种思想的支撑和鼓励下，他成了多少年来唯一一个走出山区，到城市求学的孩子。

收到学校通知书的那一天，是张尔俊扬眉吐气的一天，原来学校里嘲笑他的几个同学不得不向他竖起大拇指；那一天，也是父母最为高兴的一天，不仅镇上的干部送来几百元钱和慰问品，他们也看到了美好的将来。

来到城市上学的张尔俊刚开始还是满腔抱负，把全部的心思投入到学习中。但是看到周围的朋友同学都有了女朋友，他那骚动的心也变得痒痒起来。终于有一天，他把一张写有自己爱慕语句的纸条，塞到了一个女孩的手里。女孩答应了他交往的要求。

开始恋爱的张尔俊，生活开销一下提高了很多。开始他总是以各种理由向父母要，但是他最了解自己家里的情况，后来就实在张不开口了，但是恋爱更不能丢弃，于是他想到了卖血。

在卖血半年后，张尔俊出现了连续几天恶心、发烧，还伴有轻微的腹泻。在女朋友的陪伴下，经医生检查显示他血清 HIV 抗体呈现阳性反应，他感染了艾滋病毒。

## 爸爸对你说的悄悄话

从小就懂事的张尔俊，在走出大山、带着家人的希望来到城市之后，为了为自己的爱情买单，他走上了卖血的道路，但一次不慎却毁了他的一生。青春期是人生最美好的时期，这一时期阳光灿烂、到处是鸟语花香，但是男孩不要只看到眼前的美景，要看到花丛中的陷阱，要提高自我保护意识，让自己远离性病的危害。

## 延伸阅读

### 什么是性病

性病，全称为性传播疾病，是以性接触为主要传播方式的疾病。STD 是英文性传播疾病的缩写。淋病、梅毒、生殖器疱疹、滴虫病和艾滋病等均为常见性病。其中非淋菌性尿道炎、性病性淋巴肉芽肿和艾滋病等 8 种性病是我国重点防治的性病。梅毒、淋病、软下疳、性病性淋巴肉芽肿、腹股沟肉芽肿被称为 5 种经典性病。

### 性病的传播方式

（1）性接触。这是性病最主要的传播方式。指健康人与患有性病的人发生性关系时，病原体通过局部而传染。

（2）输血和使用血液制品。将患有艾滋病、早期梅毒、淋菌性菌血症的患者的血液输给健康人，健康者可能因为接受不健康的血液而感染性病。

（3）母婴传播。梅毒、淋菌、螺旋体、艾滋病病毒均可通过胎盘进入胎儿体内，也可在婴儿通过产道时传染给新生儿。

（4）间接接触。在使用患有性病者的毛巾、餐具、烟嘴、剃刀、玩具、马桶圈等用品时，可能感染某些性病。

## 男性性病有哪些症状

（1）龟头包皮红肿：多见于淋病、龟头包皮炎、阴部疱疹等。

（2）尿频、尿急、尿痛：多见于淋病、非淋菌性尿道炎、前列腺炎。

（3）尿道口清稀分泌物：多见于由衣原体或支原体感染引起的非淋菌性尿道炎。

（4）尿道口脓性分泌物：多见于淋病。

（5）生殖器脓疱：多见于淋病、阴部疱疹、疥疮。

（6）龟头包皮溃疡：多见于包皮龟头炎、阴部疱疹、梅毒、淋病、软下疳等。

（7）腹股沟淋巴结肿大：多见于梅毒、软性下疳、腹股沟肉芽肿、性病淋巴肉芽肿、艾滋病等。

## 性病的危害

性病是危害最严重、发病最广泛的一种传染病，它不仅危害个人健康，也殃及家庭，贻害后代，破坏社会安定。

### （1）危害身体健康

性病不仅可损害人的生殖器官，导致不育，还可损害心脏、脑等重要人体器官，甚至导致死亡。

### （2）危害家庭

通常情况，夫妻一方感染性病，会通过夫妻间的性生活，传染给对方，有的还可以传染给孩子，使得一家都深受其害。

（3）危害社会

有些意志薄弱的人一旦感染性病，就会自暴自弃、丧失了生活的信心，偷盗、抢劫、强奸，甚至产生报复社会的扭曲心理，给他人带来伤害，破坏社会稳定。

## 男孩如何预防性病

（1）了解性病的知识

通过科普宣传，了解性病的发生原因、传播途径、病态表现、危害、治疗及预防措施等，从而提高自己预防性病的意识。

（2）抵制色情文化

随着网络技术的发展，很多不法分子利用网络的难以掌控性，大肆传播带有色情的淫秽图片、书籍、影视，导致色情文化沉渣泛起，危害到青少年的身心健康。

（3）注意生殖器卫生

青春期的男孩要经常清洗自己的生殖器，保持其干净卫生。

（4）遵守法律和道德规范

生活中，做到自尊、自爱和自重，正确处理恋爱关系，不嫖娼，远离色情场所，自觉抵制婚前性行为和不正当性行为。

# PART 7

# 做个轻松自如的人

# 我信，我能行！

自信是一阵清风，吹开心头的迷茫困惑，为自己人生开辟道路，重新树立对生活的希望。人生不能缺少自信的风，正值大好年华的男孩要时常沉浸在风中，让它来为自己的人生补充动力，鼓舞自己永往直前。当自己遭遇挫折时要静下心来，让自信之风吹去心里的痛苦，重新振作，直达成功的彼岸。

从小就长相丑陋的王克勤，最害怕的就是照镜子，因为他不想在镜子中看到自己最心痛的一面。

因为长得很丑，在上小学时，班里的同学们都不愿和他在一起玩儿。每当王克勤主动找他们时，他们总是边跑边说："丑八怪来了，丑八怪来了！"听到这些之后，王克勤的心里总是有一种被伤害的感觉。所以，他成了班里的"寡人"。

漫长的小学过去了，没有朋友的王克勤在自信的鼓励和帮助下获得了很多的荣誉，家里的墙壁贴满了奖状。

在迈入重点中学的第一天，为了增加同学之间的了解，班主任让同学们做自我介绍。同学们一个接一个地介绍自己，大多是简单地说说自己的姓名、特长、生日。轮到王克勤时，他兴奋又害怕，但他相信只要自己真诚、坦率，同学们一定不再像小学的同学一样，他们一定会高兴地接受自己的。上了讲台后，王克勤说：“我叫王克勤，家在距县城有五十里的一个小村庄。我知道自己长相较丑，为此我也曾自卑过；因此我在小学没有交到朋友。但后来，我明白了人的相貌并不是自己能控制的。于是，我就努力学习，而且我觉得心灵美、品行美才是最重要的。我想有朋友，我更想和班里的每个人成为朋友，一起学习，一起游戏。谢谢！”语还未落，教室里响起了“啪啪啪……”鼓掌声。

此后，同学们都纷纷找王克勤交流学习体会，探讨学习经验，他身边的朋友也多了起来。

## 爸爸对你说的悄悄话

人的一生，难免遇到挫折。在遇到的事情时，你要对自己说：“我一定行，我相信我自己！”这时，便拥有了自己的天空，坚信自己能行，带着自信，在自己的晴空下自由翱翔。相貌丑陋的王克勤在遭到同学们的嘲笑后，并没有消沉，而是用学习为自己赢得了更多的荣誉，用真诚为自己赢得了朋友。

## 延伸阅读

### 自信的重要性

（1）自信是成功的保证

自信的人能够正确、客观、实事求是地估价自己的知识、能力，从而为自己制定切实可行的计划和目标；自信的人能够虚心接受他人的意见，相信自己有克服困难的力量，对自己充满信心。

（2）自信是承受挫折、克服困难的保证

自信是一种内在的精神动力。在困难面前，它能鼓舞人们去克服困难，战胜困难，集中全部智慧和精力去迎接各种挑战，不断进步，直至成功。战胜逆境最重要的是树立坚定的信心。

（3）自信是健康的心态

自信是对自己充满信心，相信自己有能力实现目标的心理倾向，是推动人们前进的强大动力，也是有力保证。

## 关于自信的名言

人多不足以依赖，要生存只有靠自己。——拿破仑

深窥自己的心，而后发觉一切的奇迹在你自己。——培根

地球上的任何一点离太阳都同样地遥远。——伯顿

有信心的人，可以化渺小为伟大，化平庸为神奇。——萧伯纳

坚决的信心，能使平凡的人们，做出惊人的事业。——马尔顿

自信是成功的第一秘诀。——爱默生

能够使我飘浮于人生的泥沼中而不致陷污的，是我的信心。——但丁

天生我材必有用。——李白

## 男孩提高自信的方法

（1）面带微笑

笑能使人心情舒畅，振奋精神，是快乐的外在表现；笑能使人摆脱烦恼，忘记忧愁；笑能使人产生信心和力量，从而战胜困难和挫折。而缺乏信心的人，在生活中多是愁眉苦脸，眼神呆板，一副无精打采的样子。

（2）抬头挺胸

一个自信的人，走路昂首挺胸，步伐铿锵有力，神采飞扬；而一个没有力量、自卑感强的人，多表现为无精打采，垂头丧气。那些缺乏自己的男孩在生活中要学会自然的昂首挺胸，从而逐步树立信心，增强信心。

（3）时常用“我能行”鼓励自己

特别是在遇到困难时更要用这类的话让自己鼓起战胜困难的信心，坚信自己有

克服困难的力量。积极的自我暗示，可以使自己逐渐树立信心，增强奋进的动力。

（4）主动与人交往

在与别人的交往中，学习别人的长处，开阔自己的视野，不断用新的知识充实自己，体会到人间真情的温暖和力量，增加自己的自信。

（5）了解名人战胜困难的故事

处于青春期的男孩喜欢把名人当作自己的偶像。名人的故事，可以给自己动力，让自己看到生活希望，增强战胜困难的勇气。

## 相信奇迹就在身边

人的一生都在追求成功，也只有获得成功才能实现自己的人生价值。而自信是人的底气，是获得成功的根本。

自信是相信自己的愿望或理想一定能实现的一种积极的心态。只有自信，才可使人在生活和工作中保持必胜的信念，才能最终走向成功。在现实生活中，自信是大力神，它能使弱者变强，使强者变得更强。而生活中那些缺乏自信的人，往往会因为眼前的一点儿小问题、小困难而把自己吓倒，放弃对美好理想的追求，让自己整天生活的浑浑噩噩，让自己的人生碌碌无为。没有自信的人，会让自己通向成功的航船搁浅沙滩，成为终生也托不起的巨轮。

正值青春期的男孩的人生巨轮才刚刚扬帆起航，在自己学习和事业的攀登中，总要越过险峻的山，渡过茫茫的水，而自信就是登山的云梯，渡水的飞舟。因此，对生活、学习中遇到的困难和挫折，要有坚定的信心，相信自己能够战胜困难和挫折而获得成功。

# 我的青春不孤独！

孤独会让人陷入空虚，变的消极颓废。正值青春期的男孩，应在适当的孤独中成熟而不是在长久的孤独中颠覆。打开自己心灵的大门吧！

明天就是元旦了，郝羽决定元旦不和爸爸妈妈一起过了。他要去附近的一个孤儿院帮助那里的小朋友。

第二天，郝羽带着给孤儿院的小朋友准备的礼物匆匆出发了。到了那里小朋友们早就在门口等着他了。等郝羽把自己带来的礼物分给小朋友后，看着小朋友拿着礼物高兴的样子，郝羽感到自己很幸福。分完礼物后，有的小朋友拿着礼物去玩了，有的小朋友缠着郝羽一口一个大哥哥地叫着。突然一个小朋友说："大哥哥，我想听故事，你能给我们讲故事吗？"一听是将故事，郝羽的兴趣就来了。他问大家都喜欢听什么故事。小朋友齐声回答："狼来了的故事。"于是郝羽就坐下来给他们讲狼来了的故事，一会儿，故事讲完了，小朋友们都还没有听够，就央求着郝羽再讲，于是郝羽又接着讲了好几个很有意义的小故事。小朋友们都听得入迷了。和这些孤儿在一起，郝羽也觉得时间过得特别快，一会儿就中午了。院长留郝羽在这里吃午饭，郝羽因为下午有事就拒绝了。

这只是郝羽色生活中最为普通的一件事。平日的郝羽活泼开朗、朋友众多、兴趣广泛。每天除了完成学习任务，还做很多其他有意义的事情。有时他和朋友去参加活动，有时去图书馆看书，有时他帮助妈妈在家里做一些事情。在其他人为青春烦恼忧愁的时候，郝羽总是在做自己喜欢或有意义的事情。

## 爸爸对你说的悄悄话

当其他男孩感到孤独无助的时候，在抱怨别人不理解自己、不接纳自己的时候，郝羽总能找到适合自己有意义的事情，这些事情或是学到知识，或是帮助别人，或是带给别人快乐，或是让自己享受了生活。

## 延伸阅读

### 什么是青春期孤独感

孤独感是指因离群而产生的一种无依无靠、孤单烦闷的不愉快的情绪体验，。青春期孤独感是青少年自我意识觉醒的一种表现，也是自我意识发展的一种表现。其特点是：一方面渴望朋友，渴望同别人交流；一方面又不愿意敞开心扉。随着自我意识的发展，迈入青春期的男孩希望通过自己的努力做好每一件事情，不辜负家人和老师，引起他们的注意和关注，这虽然是巨大的学习动力，但也会让自己产生压力感，一旦遇到生活、学习上的烦恼时，容易产生心理上的孤独。

### 男孩为什么产生孤独感

引起青春期孤独感的原因是复杂的，但主要表现在以下四个方面：

（1）自我评价不当

进入青春期后，男孩开始更多地接触社会，但是由于经验少、知识不够，经常会遇到挫折、失败，多次打击后，让他们心理产生自卑感，不愿与人交往，缺少朋友，感到孤独。

（2）缺乏交往技巧

人际交往需要真诚、热情，也需要技巧。有的男孩在同别人的交往中，不注意或没有掌握交往技巧而失去朋友或得罪他人，破坏自己的形象。

（3）自我意识增强

自我意识觉醒后，男孩产生了了解别人内心世界并被其他同龄人接受的需要。他们关心自己在他人心目中的地位，重视他人的评价。因此，他们将自己隐藏起来。一方面封闭自我，另一方面又特渴望别人了解自己。一旦这种需要得不到满足，便会陷入惆怅和苦恼，产生孤独感。

（4）情绪障碍

有的男孩在同别人交往中表现出害羞、恐惧、愤怒、嫉妒、狂妄等不良的情绪，从而避开与人交往的情境，离群索居，封闭自我，产生孤独感。

## 正确认识青春期孤独感

青春期的孤独感是心理成熟的标志。它意味着青少年开始把自己的兴趣从对外界实物的关注中撤回到关注自我中，开始思考人生的价值和意义。

青春期的孤独感有助于反省自己的行为。男孩步入青春期后，不愿再追随父母，不再崇拜老师，他们在做每件事之前有了自己独立的思考，产生了对自己行为负责的心理，也有助于丰富自己人生的情感。男孩开始更多关注是自我内心世界的体验，让自己的想象力、创造力得到充分发挥，有助于智力的发展，提高抽象思维能力。

但青春期的孤独感也是十分有害的。有孤独感的男孩封闭自我，害怕与人交往，长期离群索居，影响了正常的人际交往，多表现为没有朋友，不能正确评价自己，甚至产生自卑心理和轻生念头，最终导致身心不能健康发展。因此，正值青春期的男孩要摆脱和克服这种孤独感。

## 怎样克服孤独感

（1）敞开心扉，真诚地与别人交往

扩大生活和交际圈子，不要守着自己一方天地，拒绝别人于千里之外。更不要远离人群，筑起心灵的防线，要以心换心，赢得别人的认同。

（2）培养自己良好的性格

有孤独感的男孩多表现为害羞、内向、不善于表现自己。因此要克服孤独感，就要在生活中，主动亲近别人，乐观开朗，多参加聚会，主动表达自己的想法。

（3）克服自卑

有自卑心理的男孩觉得自己不如别人，所以不敢与别人接触。每个人都有自己长处，要相信自己，钻出自织的茧，从而克服孤独。

（4）要注意培养自己的多种爱好

为自己安排好丰富多彩的业余生活，把思想感情从孤独的小圈子中脱离出来，投入到广泛、高尚的活动中去。与朋友在一起时，不要清高和多虑，不要自卑，要善于沟通，让自己成为其中的一分子，从中获得友情。

# 父母，我生活中的朋友！

自我意识的增强，让男孩开始追求自我，但是他们的思想还不成熟，对自我缺乏正确的认识，导致在追求自我的过程中一旦遭遇父母的教育或指导，就会与父母产生矛盾，导致家庭关系恶化，甚至造成悲剧，那么青春期的男孩怎样才能处理好和父母的关系，让父母成为自己生活中的知心朋友呢？

听着邻居家吵的天昏地暗的声音，小杰知道自己的好朋友又和他的父母“开战”了。他也曾绞尽脑汁，就是不明白好朋友为什么老是和父母“战事连连”。在自己家中，爸爸妈妈可都是自己的朋友。

每次自己遇到什么好笑的事情也总是一起和父母分享，让他们和自己一起感受生活的美好；每次自己在外边遇到什么解不开、不了解的事情，也总是想第一个告诉父母，听听父母的意见，让他们帮自己出出主意。

有一次数学课上，小杰看到一个东西从自己的数学课本里掉了出来，趁老师不注意小杰偷偷打开来看。这一看着实让他吃惊。原来是同班的肖丽写给自己的情书。刚看个开头，小杰就匆匆将它折好放起来了。但是他怎么也没有心情听老师讲课了。一上午都心不在焉，脑子里总是浮现出肖丽的样子。

好不容易放学了，小杰到家把书包一放，就坐在沙发上发呆。妈妈走过来，问怎么了，小杰就把自己在上课时的情况说给了妈妈，妈妈听后也很吃惊，但是她立刻就平静了下来。然后说："小杰，你打算怎么办呢？""我也不知道。我不想伤害到肖丽，但是我更喜欢和她做朋友。"小杰一副无奈的样子。妈妈说：那你就应该心平气和地把自己的想法说给她，并且告诉她，你们是一生的好朋友，只要她有困难你一定会全力帮助，你还可以告诉她应该把主要的精力放在学习上……"

在妈妈的帮助下，小杰很好地处理了和肖丽的关系。

## 爸爸对你说的悄悄话

同是青春期的男孩，小杰和父母不仅能很好地相处，而且父母还是他的朋友，关键的时候，父母总能帮助他解决困难，而小杰的好朋友家却是战火不断。可见青春期孩子和父母之间并没有完全不可调和的矛盾，只要善于处理，经常和父母沟通，就没有什么问题是解决不了的，没有什么事情是说不开的。

## 延伸阅读

### 和父母沟通的八妙招

（1）讨论问题

由于思想还不成熟，社会经验少，男孩遇事难免考虑不周，这时要多与父母商量，增强自己解决问题的能力，开阔自己的视野。

（2）主动交流

每天把自己在生活和学习上遇到的高兴或不高兴的事讲给父母听，让家人一起分享自己的喜怒哀乐。

（3）主动道歉

人非圣贤，孰能无过？如果做错了事情，不要逃避，不要置之不理，要主动向父母道歉，得到父母的理解和原谅。

（4）创造机会

可以和父母一起做饭、逛街、打球、劳动、看电视等，边做事情，边交流。

（5）认真倾听

当被父母批评或责骂时，不要着急反驳，要平心静气地听父母说完，说不定会了解父母大发雷霆背后的理由。

（6）善于体谅

有的时候，可能是父母的错，但是不要急着去争辩。可以选择在事情稍缓后，再向父母说明情况，也许会有意想不到的效果。

（7）控制情绪

在与父母沟通不良时，不随意发脾气、顶嘴，避免不小心说出伤害父母的话、做出伤害父母的事。想要动怒时，可以离开、深呼吸或用凉水洗脸。

（8）承担责任

学习之余要主动帮助父母做一些洗碗、擦窗、倒垃圾、干些力所能及的事情，分担家庭的一些责任，趁机还可以跟老爸老妈聊聊天。

## 生活中怎样让父母了解自己

每个人都有自己的想法和意见。特别是进入青春期的男孩，由于自我意识的发展，时常会产生一些稀奇古怪的想法，做出一些不同常人的事情，激化和父母的矛盾。那么应当怎样让父母了解自己，消除他们对自己的误会呢？

（1）用一些简单的行动去关心父母

生活中要把自己对父母的爱与关心表达出来，比如，吃饭时帮父母夹菜，父母下班回来主动帮父母挂好衣服，给父母一个小小的赞美等等。

（2）虚心请父母提意见

自己在做完一件事的时候，可以主动找父母，让他们帮忙提提意见，这样可以增进与父母之间的感情，加深他们对自己的了解。

(3)要跟父母多沟通

在和父母聊天或帮父母做家务的过程中，将自己的遇到不理解和不知道的事情说出来，让父母帮自己出主意。

(4)用恰当的方式表达意见

遇到父母做得不对的情况，可以试着将自己的想法表达出来，千万不要压抑心中的不满。如父母偷看了自己的日记，可以先装作不知，然后装着探究父母秘密的样子，当他们责备自己的时候，便可以将自己的感受讲出来。

(5)了解父母的过去

让父母讲一些他们在青春期的趣事。虽然年代不同，但有许多感受是相同的，比如，顽皮、贪玩、恶作剧、叛逆等等。因时间的久远，父母可能已经忘了那种感受，这样一谈，会使他们想起自己的过去，从而更好地理解自己现在的想法和感受。

## 如何消除与父母之间的代沟

(1)对父母的态度要温和，不采取偏激的行为方式

当父母责备、唠叨自己时，要用温和的态度和父母说，即使自己不能接受的观念也不要顶撞、闹气，可以装作虚心聆听的样子，给父母一点儿安慰。

(2)了解父母的疾苦

明白父母现在的想法和性格是他们那个时代造成的，而且处于中年的父母一方面要养家，另一方面还担负着教育子女、赡养老人的责任，他们有很重的生活负担。只要理解父母不易，就会主动关心和帮助父母。

(3)培养自己的独立性

坐下来，跟父母谈谈自己的理想、烦恼，在沟通中让父母明白自己长大了，同时把自己接触到的新事物教给父母，那样，岂不是无意中缩小了代沟？

# 近朱者赤，近墨者黑。

“近朱者赤，近墨者黑”。和优秀的人交朋友，会让自己变的更优秀；同高尚的人交朋友，自己也会变的越来越高尚；与懒惰、品行不端的人交朋友，自己也会受他们的影响，成为一个懒惰、品行败坏的人。好的朋友带给我们的不仅是物质的丰富，还有精神的盛宴，而坏的朋友却常让我们身陷泥潭和旋涡，甚至贻害终生。

一个叫郑绍的男孩，现在正在读初一，妈妈是个清洁工，爸爸几年前得病去世了。由于内向，郑绍没有朋友，其实他心里比任何人都渴望拥有真正的友谊。

有一天，放学晚了，他被班里几个调皮的男生拦住，要他把身上的钱拿出来。正当郑绍不知该怎么办时，一个路过的大男孩把他救了下来，缺少朋友的郑绍很快就和那个社会男孩成了朋友。

后来，郑绍一遇到困难，就请这位大哥帮助，这位社会大哥还有一伙儿朋友，他们经常在一起打架斗殴，甚至抢别人的钱。大哥三番五次地帮助他，郑绍是要付出代价的。

又有一天，郑绍的妈妈出去工作了，家里只留下郑绍一个人。郑绍正在家里写作业，那位大哥就带着一大伙儿朋友来找他，大哥说：“郑绍，我们的地盘被别人抢了，走，要回我们的地盘去。”郑绍说：“我正在写作业”大哥就生气地说：“作业有什么好写的，不能吃不能喝，只要跟着我，保证你吃香的喝辣的。”说着就拽着郑绍往外走。无奈的郑绍只好跟他们去了。

地盘抢回来了，大哥感激地说：“郑绍，大哥是一个有恩必报的人，为了感谢你今天的帮助，我带你去一个好玩儿的地方。”大哥带郑绍来到了一个歌舞厅里。他们一起开心的玩着，从那天开始，郑绍变成了一个夜不归宿的人，郑绍成为这一团伙中重要的一员。没过多久，大家都没钱了，大哥就带着他们去偷抢别人的钱。他们的生活还是同样的快乐，同样的自由。

不幸的一天终于来了，郑绍跟着大哥去超市里买东西，遇到了被他们打劫过的一个女孩，这个女孩认出了他们，报了警。警察来到超市，把他俩都抓走了。

## 爸爸对你说的悄悄话

男孩结交朋友是正常的现象，伙伴之间互相促进、互相影响，从伙伴那里得到温暖和力量。但是，有些男孩在交朋友问题上，因缺乏认真的考虑和选择，结交了品行不端的坏朋友，贻害终生。郑绍在偶然得到一个陌生大哥帮助的情况下，误把对方当作自己的朋友，一切都听从对方，结果自己走上违法犯罪的道路。

## 延伸阅读

### 青春期男孩交友的心态

交友是男孩生活重要的组成部分，男孩在交友过程中会抱着不同的心态和别人交往。

（1）投合型心理

存在这种交友心理的男孩大多感情冲动、豪爽大方，他们需要从新朋友那里获得更多的支持，树立自己的全新形象。

（2）互助型心理

存在这种交友心理的男孩大多成熟稳重、理智敏感，他们能够理智地分析朋友和自己的优劣，遇到可以互相促进的同学便会形成较稳定的朋友关系。

（3）怀旧型心理

存在这种交友心理的男孩大多感情细腻、多愁善感，他们喜欢与原来学校的老同学交往，从怀旧的话题中获得心理上的轻松感，寻找共同的语言。

## 男孩的交友原则

三种交友心态各有优劣，但是无论出于哪种交友心理，都要注意以下三个交友原则：

（1）要符合有效促进原则

在交友的过程中，男孩可以锻炼自己的交际能力、沟通能力等多方面技能，而且好的朋友还可以在生活上帮助自己，学习上督促自己，彼此在学习和帮助中走向成功。

（2）要符合利益共享原则

有的男孩大方豪爽，为了表示彼此之间的亲密，往往在物品使用、金钱花费等方面不分彼此。一旦感情淡下来，心理不平衡，开始计较彼此的利益，严重挫伤朋友之间的感情。因此，不如在开始交往时，就公平交往，利益共享。

## 男孩应结交什么类型的朋友

人需要朋友。对于男孩来说，很容易从朋友那里学习到某些东西，所以正确地选择朋友很重要。那么在生活中，男孩应结交什么类型的朋友呢？

（1）和成绩优秀的人交朋友

成绩优异的人，多数学习刻苦，远离社会中的不良风气，通过交往可使自己受益。

（2）和有礼貌的人交朋友

有礼貌的人多数是受到了良好的家教，有一定的克制能力，与之交往可使自己获益。

(3) 和正直坦率的人交朋友

正直的人说话诚恳，往往能及时准确地指出自己身上的缺点和错误，使自己不断进步。

其实不管和谁相处，都要不断学习他们的优点，摒弃他们的缺点，让自己变得更优秀。

## 男孩要交比自己优秀的人

交友是男孩社会交往中非常重要的事情。伙伴之间常常是互相模仿，互相影响。好的朋友在生活中彼此促进，彼此帮助，共同进步；坏的朋友让自己陷入泥潭，终生后悔。

处于青春期的男孩正是学习知识和本领的最佳时期，而那些优秀积极的人不仅能在学习中帮助自己，还能引导自己摆脱心灵的困惑和烦恼，避开成功道路上的荆棘和陷阱，最终走向成功。

伟大的人物总有伟大的友人。青春期的男孩要想成为一个优秀的人，一定要多结交比自己优秀、比自己聪明的人。

# 有“礼”走遍天下！

礼仪存在于我们生活中的每一个角落。在生活中，使用文明礼仪是一个人道德高尚的表现，可以增进人与人之间的友谊。发生在我们身边的讲文明、有礼貌的小故事，更是数不胜数。礼是我国传统文化的核心，青春期的男孩注重文明礼仪是传承文明的需要，也是时代发展的需要，更是自己成长的需要。

12 岁的小伟由于成绩优秀被市里的重点初中录取了。其实无论在家里还是在学校，小伟早就是一个小名人了，不仅因为他成绩优秀、乐于助人，更是因为他懂礼貌。

不论是在校内还是校外，他只要看见老师，便主动上去和老师问好；看到同学，他也总是用“你好！”等礼貌用语打招呼。每次去老师办公室问老师问题，他总是轻手轻脚的，从来不影响老师们工作。在课堂上，他认真听讲，积极回答老师的提问。在家里，无论与哪一位长辈打招呼、谈话，都不忘说一个“您”字；招待客人的时候，与他们热情地打招呼，给客人端茶送水也总是不忘说一个“请”字。在生活中，“您好、请、谢谢、对不起、再见”等文明礼貌用语早就成了他的口头禅。

有一次上完体育课，大家都感觉口干舌燥。于是，一下课大家便冲向学校的小卖部买喝的。正好带他们地理课的赵老师走过来，有的同学由于口渴难耐，就一边跑一边向老师招了招手，有的同学干脆假装没看见，一溜烟儿冲向前去。当小伟看到赵老师时，停下脚步，很郑重地先给老师行了个礼，然后说："赵老师，您好！"，赵老师同样也回了礼，等赵老师离开后，小伟才朝小卖部的方向走去。

小伟不仅在学校尊敬老师，团结同学，在家孝敬父母、尊重长辈，即使在校外也极为懂礼貌。每次买完东西，当售货员将东西交到他手上时，他总是说"谢谢！"在公共场所，他从不大声叫嚷。遇到那些老人或带小孩的成人，他总是先把自己的座位让给他们。

由于懂礼貌，附近的很多人都认识了他。一提到小伟大家总是竖起大拇指。

## 爸爸对你说的悄悄话

懂礼貌的小伟把文明礼仪用到生活的每一个角落，带给周围人快乐的同时，也让自己受到别人的称赞。我国是文明之国、礼仪之邦，有着悠久的礼仪传统，从古到今代代相传。现在社会进步了，礼仪也在不断进步。讲文明，懂礼貌，从我做起，从小事做起，是青春期男孩必须具备的品质。

## 延伸阅读

### 青少年要懂得校园礼仪

（1）课堂礼仪

①教师进课堂宣布上课后，全体学生要起立、行礼，问老师好。

②上课迟到，先喊"报告"，经老师同意后，再进入教室。

③有事需出教室，要先举手，起立报告老师，经同意后再出教室。

④回答老师提问，先举手，经同意后，起立回答。

⑤上课时姿态端正，不小声交谈，不做小动作，不吃东西，不随便走动。

⑥听到下课铃声后，要等老师宣布下课后，起立齐声道“谢谢老师”，待老师离开后，自由活动。

### （2）尊师礼仪

①进入老师办公室，先喊“报告”，经同意后再进入。

②在老师办公室不随意翻动老师的东西。

③与老师讲话，面对老师，认真听老师讲话，离开时礼貌地向老师告别。

④不对老师的相貌、衣着指指点点、评头品足，尊重老师的人格和习惯。

⑤不得与老师闹意见，不得顶撞、辱骂老师，不得直呼老师姓名。

⑥进老师宿舍先敲门，经老师允许后再进入。

### （3）同窗礼仪

①同学之间要互相帮助，谈话要使用礼貌用语。

②借同学的钱、物要及时归还，损坏同学的东西要主动赔偿。

③不讥讽、嘲笑有生理缺陷的同学，不给同学起绰号。

④同学间不搞小团体、小集体，不影响同学之间的团结。

### （4）仪容服饰礼仪

①必须佩戴校徽，团员戴团徽。

②升旗、开学、结业或举行其他重大集会时，必须穿校服。

③仪容服饰朴素、整洁、大方，要符合学生特点。

④女生不烫发、不染发、不涂口红、不涂指甲，男生不留长发、不穿奇装异服。

### （5）集合礼仪

①集合时按时到达指定地点，做到“快、静、齐”。

②升旗时，要肃立、脱帽、行注目礼。

③开学、结业等重大集会时，准时整队入场、退场，保持会场肃静，不随意说笑走动，不做与大会无关的事。

④上台发言、领奖、表演时，走路稳重，从指定台口上下，在台上姿态端正。

## 青少年要懂得社会礼仪

（1）诚实谦虚，不说谎话、假话，答应别人的事一定要努力做到。

（2）注意讲话场合。讲话时态度要诚恳、和蔼。与人交谈时，语言要文明，表达要准确且清晰。

（3）使用礼貌用语。生活中多使用“你（您）好”“对不起”“多谢”“早上好”等礼貌用语。

（4）尊重他人的人格、宗教信仰和民族习惯。对他人应当做到谦恭礼让，不可以讽刺、嘲笑或者蔑视他人。要做到敬老爱幼，帮助残疾人。

（5）同邻居要和睦相处，做到互敬、互信、互助。见面时要主动打招呼。邻居遇到困难时，要主动帮助、主动关心。

（6）未经许可不得擅自进入他人房间，更不要去打扰他人的学习、工作和休息。不动他人物品，不看他人信件、日记。

（7）热情待客。客人进屋，应立即放下手中的工作，起立接待。会客时仪容要整洁，不能穿睡衣、拖鞋。

（8）要遵守公共秩序，不要大声喧哗，不要随地吐痰、扔垃圾，更不要破坏公共物品。

（9）观看演出时要保持安静，有精彩之处或结束之时，要鼓掌致意。

（10）不要打断别人的讲话。与人交谈时，要让别人把话说完，不要轻易打断别人的讲话或插话。交谈时要注意时间，避免打扰别人学习或休息。

## 存钱罐，存下生活的点点滴滴！

“卡奴”“月光族”，这些词语都形象说明了那些不懂理财者的现状。生活水平的提高，让很多进入青春期的男孩开始更早更多地接触到了金钱。学会正确理财不仅有利于提高自己的生活质量，也是自己人生走向成功的保证。因此，青春期的男孩除了树立正确的理财观念之外，还必须要掌握正确有效的理财步骤和方法。

董波在玉树地震中捐了1000元，一下子成了学校的名人。大家都很好奇，都纷纷跑来问他，怎么会有这么多的钱。于是董波就把自己理财的经验讲给大家听。

董波的爸爸妈妈都是做生意的，从小他们就教育董波要合理地使用钱财，该用的地方一定要用，不该花的钱一分都不要花。

每次过年家里的亲戚都会给董波一些压岁钱，但董波从来不像其他人家的孩子，有了钱就开始买各种自己喜欢的东西，不管是有用的还是没用的，只要自己喜欢就买，因为自己现在有钱。董波总是把自己的压岁钱分成几份，比如，一小部分用来自己在新年里的消费，一部分用来给爸爸妈妈买礼物，感谢他们对自己的照顾和关心，剩下的一部分他就和爸爸一起存到自己在银行开的账户中，不到非常时期，是不可以用的。

董波不仅对压岁钱充分的利用，就是生活中的小钱他也有自己的计划。每次妈妈给自己零花钱，他都用来买自己喜欢的书，从来不买各种零食。暂时没有可买的书，就先把钱攒起来。这样下来，有时几个月董波就可以攒二三百元，多了就又让爸爸帮自己存到银行。

别看董波现在才读初二，但是由于他对自己的钱财有合理的规划，在玉树遭遇大地震时，他很慷慨地捐出了1000元。他说钱要用到该用的地方，才能发挥钱的真正用途。

## 爸爸对你说的悄悄话

董波对自己金钱的合理安排，不仅方便了自己的生活，还能在关键的时候帮助别人。进入青春期的男孩开始全面的接触社会，对金钱有了初步的认识，那怎样合理的使用金钱，把金钱用到真正需要它的地方，就成了男孩应思考的问题。

## 延伸阅读

### 进入青春期后为什么要学会理财

现今社会，情商和财商往往比智商更重要。很多情况下一个人成功与否，关键是看其处理社会关系的能力和管理金钱的能力。

学会理财会给自己带来很多好处。从短期看，可以让自己养成不乱花钱的习惯；从中期看，培养了自己的投资能力和处理人际关系的能力；从长期看，养成了自己独立生活的能力和家庭责任感，成为一个对社会和家庭负责的人。

### 青春期男孩理财几大绝招

（1）定每月支出计划

为自己每月定下消费计划，严格要求和控制自己，防止自己养成乱花钱的习惯。

（2）身上不带大额钞票

为了避免“一时兴起”的大额消费，在出门、购物时，不要带大额的钞票，这样也可控制自己花钱的欲望。

（3）努力学习，获得奖学金

努力学习，不仅可以提高自己的成绩，还可以获得丰厚的奖学金，这样一举两得事情，当然是再好不过了。

（4）减少不必要的聚会

聚会是朋友之间的联络感情、互通信息的一种方式。对于没有任何经济收入的男孩，聚会时都是均摊，于是就加大了自己的经济开支。

（5）自己动手，创造财富

进入大学之后，学习压力减小，而且学校是个小社会，有着商机无限。因此，进入大学后，男孩可以试着自己做一些小生意，学会理财的同时，还可以提高对社会的认识和自己的能力。

（6）不贪便宜，只买适合自己的东西

有的男孩不知道自己究竟需要什么，于是一看到便宜的东西，不管自己是否需要，就花钱买下来，后来才发现有的东西自己永远都用不到。

（7）充分了解市场，进行二手交易

用过的参考书、磁带、CD、自行车……对自己可能用处不大了，但可能正是别人苦苦寻觅的东西。以相对便宜的价格转让，既充实了自己的钱袋，又造福了他人。

## 男孩要养成良好的理财习惯

（1）学会记账和计划。为自己制订短期和长期的开支计划，并把自己买的的东西记账，对自己的收支情况有总体的把握。

（2）遵守一定的生活消费原则。青春期男孩吃要营养均衡，穿要朴素大方，住要简单实用，行要省钱方便。有的学生讨厌食堂的饭菜，动不动就去小餐馆撮一顿；有的学生讨厌住集体宿舍，跑去外面租房。这些对没有经济收入的学生来说是一笔非常昂贵的额外开支，能免则免。

（3）从小事做起。男孩们喜欢大方，对生活中那些小的开支看不起，认为这点钱没什么。但积少成多就是一个大数目。

## 如何对青春期男孩进行理财教育

（1）培养男孩储蓄的习惯。男孩进入青春期后，父母可以帮孩子办一张储蓄卡，把压岁钱、奖学金等数额较大的钱，储存起来，让他们用到有用的地方。即使平时的小钱，也让他们学会计划着用，不要见什么买什么，养成乱花的习惯。

（2）让男孩知道挣钱的辛苦。孩子的钱，一般都是不劳而获，是父母、亲朋好友以各种名义送给他们的。他们没有体会到挣钱的艰辛，用起来就不知道节省。

（3）让男孩养成合理消费的习惯。要让孩子适度了解家里的经济状况，知道有的东西虽然好，但绝不是自己应该要的。

## 坚守原创的自己！

“世上没有两片完全相同的叶子”。有了个性，才有了生活的丰富多彩；有了个性，才有了不同追求；有了个性，才有了世界的五彩斑斓；有了个性，才有了千差万别的美丽绚烂。个性是灵动的知识，幸福的源泉，闪光的艺术，崇高的生命，不懈的追求。

钱彬多次抱怨：自己长得又不帅，又没什么特别的长处，老天爷为什么对自己这么不公呢？看着相貌平凡的自己，钱彬变的自卑，他开始偷偷地观察自己周围那些潇洒、有风度人的举止。一旦发现那个人的举止，让自己感到舒服，他就偷偷地模仿。这种模仿好像让钱彬找到了自信，他一下子感觉自己也和那些人一样变的风度翩翩了。

直到有一天正趴在桌子上休息的他听到有同学在小声的议论自己，说钱彬近来是怎么了，好像变了一个人似的，根本就不像原来的他了，感觉好别扭呀。另一个人说，是呀，我感觉他是不是受到什么刺激了，好像在刻意地学别人，可是学来学去，学的是四不像，还丢失了原来的自己。

钱彬回想起来，才发现自己其实有很多优点：乐于助人、善于交际、穿着干净利落等等。这才是真实的自己！他顿时明白了，自己是独一无二的，在世界上没有跟自己一模一样的人，就像世界上没有完全相同的两片树叶一样。其实自己不需要去刻意模仿别人，只要把优点展现出来就可以了。

## 爸爸对你说的悄悄话

世界因为个性，才五彩缤纷；生活因为个性，才充实多彩！感觉自己长相一般的钱彬开始怨天尤人，为了变得能引人注意，他开始刻意模仿那些在他眼中潇洒、有风度的人，直到有一天，他听到同学们在背后对自己的小声议论之后，他才恍然大悟。

## 延伸阅读

### 杜绝盲目模仿

（1）盲目的模仿，会让自己显得不伦不类

当下韩剧流行，很多男孩开始一味地模仿韩流。走在大街上，不难发现一些男孩不是把自己的头发弄得像刺猬一样，就是把头发留得比女孩还长，甚至在自己的耳朵上打一个或多个耳洞。或许在他们眼里，这就是时尚，是成熟，更能引来旁人的回头率。其实他们忽视了青春期的他们自然才是最美的。

（2）盲目的模仿，会埋藏自己的个性

青春期的男孩由于缺乏主见，很多人只要看到周围的人都那样做，就认为是好的，从来不考虑是不是适合自己，就一头扎进去，忽视了自身的特点和个性。当这阵模仿风过去的时候，他们就有开始进入下一阵模仿中，从来没有做过一天自己。

（3）盲目的模仿，会让自己丑态百出、出尽洋相

“东施效颦”的故事，就是一个很好的例子。有的男孩由于盲目模仿别人，结果不但没学到别人的优点，反而把自己原来的特点也丢失遗弃，引人嫌恶，出尽

洋相。

(4) 适当的模仿是必要的

学习其他同学的学习方法、学习技巧，并通过学习，找到适合自己的。

## 怎样真正了解自己

(1) 要搞清原因，为什么要了解自己，了解自己有什么意义？

(2) 要搞清应了解自己的哪些方面。比如，了解自己的情绪、喜好、耐力、审美、社会交往能力、脑力、智力、身体健康等。

(3) 基本方法。了解自己的常见方法有：比较。可以与他人比较，可与自己的过去比较，也可以分事比较。通过比较，会发现自己的不足和优点。

(4) 注意态度。一般来讲，了解自己是想客观地分析自己，以求进步。所以，一旦确定，就要放下架子，不偏袒自己，不为自己的不足、过失找辩解的借口。

## 男孩如何塑造自己的个性

男孩进入青春期后，开始慢慢接触到社会的方方面面，为使自己更好地适应繁杂的社会生活和社会环境，以保证自身在社会中更好地成长，就必须塑造自己良好的个性品质。怎样才能塑造自己的个性品质呢？

(1) 敢于向挫折挑战

男孩要塑造良好的个性，就要一如既往地发奋图强，不因一次挫折就灰心丧气、一蹶不振，更不要因几次失败就否定整个社会和人生，而应找到失败的原因，用自己的智慧战胜一切挫折。

(2) 积极的自我期待

男孩要塑造良好的个性，就要热情地看待一切，在生活中不断给自己积极的暗示，让自己永远对生活充满信心，永远处于积极的期待中，无论环境多么恶劣，都要战胜自我，克服个性中的缺点和弱点，使自己完善起来。

(3) 勇于学习，摒弃旧习惯

一个人若靠自我的斗争来调节自身的个性，会导致神经长期处于紧张中，造成心理负担，影响身心的健康发展，但用好习惯来取代旧的不良习惯，可以较快地完成个性的塑造，减轻心理负担。因此，处于青春期男孩要善于摒弃原有的不良习惯，以稳定的的行为习惯重新建立起新的个性特征。